제2판

수리논술의 이론과 실제

강옥기 · 이장주 · 이환철 · 손정화 지음

KM 경문사

머리말

수리논술은 2008년도부터 대학입시에 반영되기 시작하였으며 이어서 교육대학원과 사범대학의 수학교사 양성 과정에서도 지도되어오고 있는 과목으로서 문제해결을 위해 수학적 지식과 수학적 사고력을 비롯하여 논리성을 갖춘 글쓰기 능력을 요구하는 과목이다. 수리논술능력을 신장하기 위해서는 수리논술의 개념과 그 본질에 대한 충분한 이해와 수학적 문제풀이 능력 및 그 풀이 과정을 논술의 형식에 맞게 글로 표현하는 능력을 갖추어야 한다.

이 책은 수리논술의 본질을 이해하고 수리논술의 작성을 실습할 수 있게 할 목적으로 집필하였다. 이 책은 3부로 구성되어 있는데 제1부에서는 수리논술의 이론적 배경으로서 논술과 수리논술의 개념, 수리논술의 지도, 수리논술의 평가에 대하여 기술하였다. 제2부 수리논술의 사례연구에서는 우리나라 수리논술 사례와 외국의 수리논술 사례를 제시하였다. 제3부 수리논술의 실제에서는 수리논술에 주로 사용되는 지식의 유형에 따라 과정지식의 수리논술 실제와 내용지식의 수리논술 실제로 구분하여 수리논술을 실습할 수 있는 문제를 제시하였다. 본 개정판은 2012년 3월에 출간된 도서의 제3부에서 다룬 문제 중 수리논술의 본질 이해와 논술작성 실습으로 부적합하거나 지나치게 어렵고 복잡하다고 판단되는 문제는 삭제하고, 최근에 대학 입시에서 다루어진 참신한 문제들을 추가하였으며 문제의 수도 대학 또는 대학원 과정에서 한 학기 동안 지도하기에 적합하도록 구성하였다.

이 책이 수리논술을 학습하는 예비교사나 대입 수험생에게 많은 도움이 되기를 기원하며, 이 책이 나오도록 도움을 주신 오채환, 고호경, 허난 교수, 이금선 박사와 이 책을 출판해 주신 경문사 사장님과 직원 여러분께 깊은 감사를 드린다.

2015년 8월

저자 일동

차례

제 1 부

논술과 수리논술

제1부에서는 3개의 장으로 나누어 논술과 수리논술에 대하여 설명한다. '1장 논술과 수리논술의 개념'에서는 논술과 수리논술의 일반적인 개념에 대하여 알아본다. '2장 수리논술의 지도'에서는 수리논술의 지도 모형 및 실제 지도에 관한 내용을 알아본다. '3장 수리논술의 평가'에서는 수리논술의 평가 기준과 평가 방법에 대하여 구체적인 예를 통하여 알아본다.

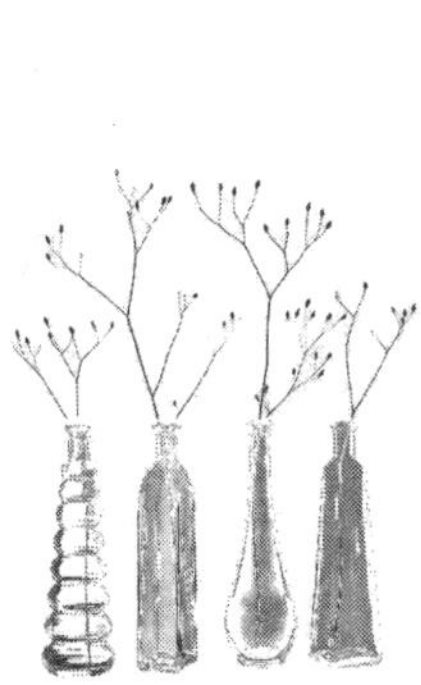

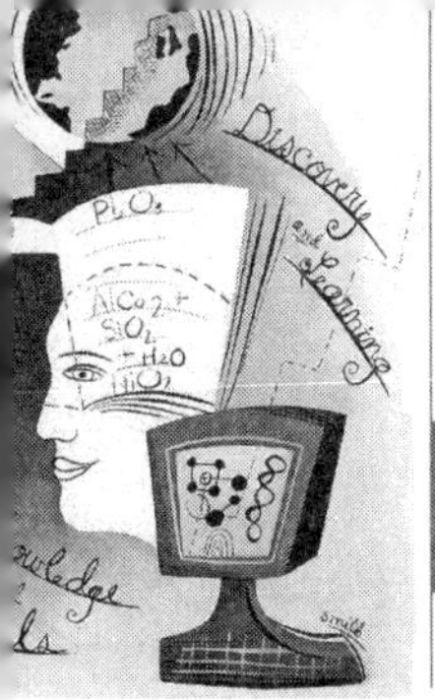

제1장

논술과 수리논술의 개념

이 장에서는 논술과 수리논술의 개념에 대하여 알아본다. 논술은 어떤 문제 상황에 대하여 자신의 견해나 주장을 논리적으로 진술하는 것이고, 수리논술은 어떤 문제 상황에 대하여 자신의 견해나 주장을 수학을 근거로 하여 논리적으로 진술하는 것이라 할 수 있다. 1.1절에서는 논술의 개념, 1.2절에서는 수리논술의 개념에 대하여 좀더 구체적으로 살펴본다.

1.1 논술의 개념

우리는 일상생활에서 또는 직장에서 다양한 사람과 의견을 나누며 함께 문제를 해결해야 하는 경우가 많다. 이와 같이 다른 사람과 의견을 나눌 때는 상대방의 의견을 바르게 이해해야 할 뿐만 아니라 나의 의견을 상대가 바르게 이해할 수 있도록 핵심 내용을 간결하며 논리 정연하게 말로 또는 글로 표현해야 한다. 건전한 민주시민 육성을 목표로 하는 학교 교육은 학생들이 자기의 의사를 바르고 분명하게 표현할 수 있도록 지도하여야 한다. 또한 학생을 지도하는 교사는 지도하고자 하는 내용을 학생들이 이해하기 쉽게 설명할 수 있어야 한다. 즉, 교사는 지도하고자 하는 내용을 학생수준에 맞게 재구성하여 논리 정연하게 설명할 수 있어야 한다.

일반적으로 자기의 생각을 표현하는 형태로서 '~를 설명한다', '~를 서술한다', '~를 논설한다', '~를 논술한다' 등이 있다. '~를 설명한다' 또는 '~를 서술한다'는 것은 어떤 대상의 성질을 객관적으로 기술하는 것을 뜻하며 '~를 논설한다' 또는

'~를 논술한다'는 것은 어떤 대상의 성질을 객관적인 사실에 근거하여 논리적으로 설명하되 자기의 가치관을 반영하여 주장하는 것이라고 볼 수 있다.

오늘날 대학을 비롯하여 초·중등학교에서는 학생들로 하여금 자기의 아이디어를 합리적으로 표현할 수 있게 하기 위하여 논술을 지도하고 있으며, 수학을 비롯한 과학, 사회, 경제에 관련된 지식을 동원하여 주어진 문제를 논리적으로 해결하는 통합논술을 지도하고 있다.

논술의 개념은 학자에 따라 다양하게 표현되고 있다. 논술은 우리 주변에서 일어나거나 우리에게 주어지는 어떤 문제에 대하여 일정한 근거를 바탕으로 합리적으로 문제 해결 방안을 제시하는 글쓰기이다.[1] 논술은 어떤 사물에 대하여 옳고 그른 것을 밝혀 가르치거나, 어떤 계획을 세우거나, 일을 함에 있어서 필요한 모든 것을 구체적으로 하나하나 타산하고 검토하여 말하거나 적는 것이다.[2] 논술은 어떤 사태에서 문제를 발견하고 문제의 핵심을 논리적인 절차를 따라 논의하고 그 결과의 옳고 그름을 글이나 말로 서술한 것으로, 문제의 핵심을 발견하여 이를 논리적으로 구성하고 동시에 제대로 표현할 수 있는 능력을 갖추도록 요구한다.[3] 논술은 어떤 일이나 현상에 대하여 문제를 발견하고 원인을 규명하며 결과를 예측하고 해결방안을 모색하는 일련의 과정을 지니며, 이는 필연적으로 논리적 사고를 요구한다.[4] 이와 같이 학자마다 논술의 개념을 다양하게 표현하고 있는데, 이 책에서는 이들의 공통점을 요약하여 논술의 개념을 다음과 같이 정의한다.

논술은 어떤 문제 상황에 대하여 자신의 견해나 주장을 논리적으로 진술하는 것이다.

논술의 정의에서 그 특성을 다음과 같이 생각할 수 있다.

- 논술은 자신의 생각을 논리적으로 표출해냄에 있어서 자신의 총체적 경험을 좀더 정밀화하여 논증에 타당하도록 분석하고 조직하는 사고과정을 필요로 한다.

1) 인천광역시교육과학연구원, 1999
2) 성낙수, 1998
3) 서울대학교, 2004
4) 김성호, 2009

- 논술은 사고하는 과정을 훈련하는 성격이 있다. 주어진 과제나 자료에 대해 자기의 견해를 형식에 맞게 논리적으로 전개해가는 표현 능력을 중시한다.
- 논술 능력은 지식을 생성하고 조직하는 인지적 능력과 밀접한 관계가 있다. 논술에서 문제를 설정하고 이를 해결하기 위해 다양한 지식을 비판적 사고로 분석, 종합함으로써 새로운 지식을 창출하게 되며 인지적 능력을 함양하게 된다.

오늘날 중등학교는 물론 대학 교육에서도 논술교육을 중시하고 있다. 이를테면 각 대학은 입학지원자의 논술능력을 측정하기 위한 논술고사를 실시하고 있으며, 교사양성기관인 사범대학과 교육대학원은 논술과목 이수를 필수로 지정하고 있는 실정이다. 왜 오늘날 학교 교육은 논술지도를 강조하고 있는가?

현대 사회는 IT(information technology)의 급속한 발달로 인해 정보화 사회에 돌입하였으며, 인터넷을 통해 지구촌의 수많은 정보를 순간적으로 접하고 이용할 수 있는 시대가 되었다. 정보화 시대의 인간상은 과학기술을 활용하고 통제할 수 있으며 변화하는 환경에 창의적이며 주도적으로 대처해 나갈 수 있어야 한다. 따라서 학교 교육은 한 번 배운 지식으로 평생 사는 지식소비자를 양성하는 것이 아니라 배운 지식을 바탕으로 하여 풍부한 사고력의 훈련을 통해 창의적인 지식과 문화를 창출할 수 있는 인재를 육성하여야 한다. 그러므로 오늘날 학교교육은 의사소통과 문제해결을 위해 생각하는 방법과 논리적 표현을 익힐 수 있는 '논술' 교육을 강조하고 있다. 논술은 비판적으로 글을 읽는 능력과 창의적으로 문제를 설정하고 해결하는 능력 그리고 논리적으로 서술하는 능력을 종합적으로 요구한다.

비판적으로 글을 읽는다는 것은 반성적으로 생각하면서 글을 읽는 것을 말하며, 창의적으로 문제를 설정하고 해결하는 능력이란 심층적이고 다각적으로 문제에 접근함으로써 독창적인 아이디어를 끌어내는 능력을 말한다. 그리고 논리적 서술 능력은 글 구성 능력, 논증 능력, 표현 능력 등을 포함한다.

특히 논증 능력은 논증적 성격과 형식을 갖추어 담아내는 능력으로서, 논술이 다른 사실 진술이나 일반적인 서술과 차별되는 핵심이다. 논증이란 목표로 하는 참인 결론을 그 정당한 도출과정까지 포함해서 제시하는 진술이다. 달리 표현하면 논증은 단순히 '참인 결론의 제시'가 아니라, '참인 결론을 알고 있음을 보이는 과정 전체'인 것이다. 따라서 논증에서 주장하는 지식은 앎의 인식론적 조건 세 가지를 충족시켜야 한다. 첫째, 다루는 명제는 참이어야 한다. 시작하는 전제가 참이어야 하며 그로부터 도출된 결론 또한 참이어야 한다. 이를 지식(앎)의 진리조건이라 한다. 둘째, 일련의 참인 명제가 단순 정보가 아닌 지식이 되기 위해서는 확신이 있어야 한다. 이를 앎의 승인(믿음)조건이라 한다. 셋째, 참인 명제에 대한 확신을 가지고 있더라도 그 근거가 잘못된 것일 수 있는데, 그런 경우 엄격한 의미에서 안다고 할 수 없다. 따라서 올바른 근거를 갖춰야 하며, 이를 앎의 정당화 조건이라 한다. 종합하면 논술을 통해서 보이고자 하는 것은 "정당화된 참인 결론을 확신하고 있음"이다. 이런 인식론적 차원의 세 원리를 실제 논증의 관점에서 표현하면, 논증의 영어단어 argument의 세 머리철자로 시작하는 세 단어 a(acceptable), r(relevant), g(grounds)로 나타낼 수 있다.

성공적인 논증의 시작은 성공적인 전제의 제시에서 결정되는데, 그 세 가지 조건은 일반적으로 훌륭한 논증이 지켜야 할 기준이다. 첫째, 전제가 참이거나 승인할 수 있는(**a**cceptable) 것이어야 한다. 둘째, 전제가 결론의 옳음에 관련 있는(**r**elevant) 것이어야 한다. 셋째, (전제는) 결론이 옳음을 보장할 수 있는 충분한 근거(**g**rounds)를 제공해야 한다. 역으로 이 세 가지 기준을 만족시키지 못하는 것은 어떤 것이든 결함이 있는 논증이다. 이 조건들을 만족시키지 못하는 것이 오류를 범하는 것이며, 그것은 올바르지 못한 논증을 이끌게 되는 것이다.

논술에 있어서 가장 중요한 요소는 생각하는 힘, 즉 사고력이다. 논술교육을 통해 논리적으로 생각하는 방법과 표현능력을 배워 익힘으로써 사회의 모든 구성원과 원활하게 의사소통을 할 수 있으며 협력하여 문제를 해결하는 창의적인 인재를 양성할 수 있다.

1.2 수리논술의 개념

최근의 수학교육은 학습자로 하여금 수학적 지식을 알고 수학적 문제를 해결할 수 있는 능력을 갖게 할 뿐만 아니라 실생활문제를 포함한 여러 가지 문제를 동료와 협력하여 탐구하고 해결하게 하며, 얻어진 결과를 말 또는 글로써 발표하여 다른 사람과 공유하는 경험과 능력을 기르도록 강조하고 있다. 그 예로서 NCTM이 1989년 발행한 《학교수학을 위한 교육과정과 평가의 기준》, 2000년에 발행한 《학교수학을 위한 원리와 기준》 그리고 우리나라의 2007년 개정 수학과 교육과정 모두 의사소통(communication)을 강조하고 있다.

수학 학습에서 의사소통이란 수학적 활동을 하는 과정에서 수학에 관련한 자기의 아이디어를 동료에게 정확하게 표현하고 동료의 주장을 바르게 이해하는 것으로서, 이를 위하여 논리적으로 사고하고 적절한 용어나 기호를 사용하여 표현하는 능력을 갖추어야 한다. 즉, 수학을 탐구하거나 여러 가지 문제를 해결하기 위해 수학에 관련된 자기의 생각(idea)을 논술의 형태로 표현할 수 있어야 한다. 학교교육에서 수학적 생각을 논술 형식으로 표현하는 것을 흔히 수리논술이라고 한다. 그러나 논술의 개념과 마찬가지로 수리논술의 개념도 학자에 따라 다양하게 표현되고 있다. 예를 들면 수리논술을 '수학적 원리와 논리적 사고력을 활용해 문제를 해결한 후 구체적인 답이나 결과를 도출하여 그 과정을 글로 설명하는 수학 교과형 논술이다', '수학과 경제, 사회, 과학 등을 총망라하여 주제를 설정하고 논리적인 사고과정을 거쳐 결과를 얻기까지의 과정을 글로 서술하는 논술이다', '단순히 수학적 개념과 원리를 이해하는 것은 물론이고, 그것을 바탕으로 사회적 문제를 분석하고 해결하는 과정까지 답해야 한다'고 기술하는 사례들이 있다. 위에서 정의한 수리논술은 수학적 상황뿐만 아니라 과학, 사회, 경제 등 다양한 교과영역에 관한 지식과 문제를 다루기 때문에 통합교과형 수리논술, 통합교과형 논술, 통합논술 등으로 불리기도 한다.

한편 철학자나 사상가들은 자기의 주장(철학, 사상)을 다른 사람에게 알리고 설득하기 위해 주로 논술 형태로 그것을 표현한다. 이때 주장하는 내용이 수학의 본질이나 속성인 경우의 논술을 수리논술이라고 부르기도 한다. 예를 들면 '수학이란 무엇인가', '수학은 인류와 어떤 관계가 있는가' 등의 주제를 다루는 논술은 수리논술에 해당한다. 즉 수리철학을 다루는 논술을 수리논술로 보는 경우도 있다.

이 책에서는 위의 세 경우를 모두 포함하여 수리논술의 개념을 다음과 같이 정의한다.

어떤 문제 상황에 대하여 자신의 견해나 주장을 수학을 근거로 하여 논리적으로 진술하는 것이다.

수리논술의 유형을 다루는 내용에 따라 다음과 같이 분류할 수 있다.

첫째 유형: 수학적 사실이나 수학사에 관한 비판, 수학문제 풀이, 수학 증명의 공리적 쟁점 등 수학 자체에 대하여 논한다.

둘째 유형: 실생활의 자연현상이나 사회현상에서 수리적 원리를 발견하거나 적용하여 현상을 설명하고 미래를 예측하는 것에 대하여 논한다.

셋째 유형: 수리철학 즉 수학의 본질이나 속성에 관하여 논한다.

위의 유형 중 첫째 유형은 좁은 의미의 수리논술로 분류되고, 둘째 유형은 통합교과 논술로 분류되며, 셋째 유형은 수리철학의 논술로 분류될 수 있다. 첫째와 둘째는 우리나라 중등교육 또는 대학 입학시험에서 주로 사용되며 셋째는 유럽 국가의 중등교육 또는 대학입학시험에서 주로 사용된다. 이 책에서는 첫째 유형을 수학교과형 수리논술, 둘째 유형을 통합교과형 수리논술, 셋째 유형을 수리철학형 수리논술이라고 편의상 명명한다.

수리논술 교육의 지향성에 대하여 알아보자.

수리논술은 수학을 사용한 단순한 글쓰기가 아니다. 수리논술은 상황의 이해나 문제해결을 위해 필요한 정보를 바르고 명료하게 표현하기 위한 일정한 형식을 갖춘 글쓰기로서 그 목적이 뚜렷하다. 따라서 수리논술 교육은 다음과 같은 몇 가지 목표를 가지고 지도하여야 한다.

첫째, 수리논술은 논술의 일종으로서 어떤 주장을 전개함에 있어서 객관성과 타당성을 보장하여야 하며, 이를 위하여 논리성을 갖추어야 한다. 논리성은 수학적 증명이나 추론의 한 속성으로서 수학적 개념을 이해하고 탐구하는 과정에서 중요한 역할을 한다.

둘째, 수리논술은 문제해결을 위한 수학적 아이디어를 전개하는 글의 한 형식으로서 논리적이고 명쾌하여, 다른 사람으로 하여금 바르고 쉽게 이해할 수 있도록 하여야 한다. 즉, 수리논술을 통해 수학적 의사소통 능력을 기를 수 있어야 한다.

셋째, 수리논술은 어떤 문제를 수학적 지식을 사용하여 해결하는 과정을 제시하기도 한다. 따라서 수리논술은 여러 가지 문제를 수학적으로 해결하는 문제해결 능력을 기를 수 있다. 자연현상이나 사회현상의 변화를 다루는 수리논술은 현상을 수학적으로 분석하고 그 패턴을 발견함으로써 수학적 모델링을 할 수 있고 이를 이용하여 미래를 예측할 수 있으며, 이에 대처하는 방안을 찾을 수도 있다.

넷째, 통합교과형 수리논술은 여러 교과에 관련된 지식을 종합적으로 이용하여 문제를 해결하는 능력을 필요로 한다. 이 취지에 의하면 수학과 과학적인 문제, 수학과 사회적인 문제, 과학과 사회적인 문제, 수학과 과학과 사회적인 문제 등 다양한 영역 간의 통합적인 문제해결을 다룰 수 있어야 한다. 그러나 현실적으로는 수학과 과학, 수학과 사회 등의 통합적인 문제는 다룰 수 있으나 과학과 사회가 통합된 문제는 다루기가 어려운 실정이다.[5)]

다섯째, 수리철학을 다루는 수리논술은 수학의 본질과 그 속성에 대하여 생각하게 한다. 우리는 학교 교육을 통하여 오랫동안 수학을 공부해오고 있지만 과연 수학이란 무엇인지, 수학과 삶과의 관계는 어떠한지 등에 대하여 이해할 기회가 거의 없기 때문에 수학 학습에 대한 이해나 필요성을 인식하지 못하고 피상적으로 수학을 학습하는 경향이 많다. 따라서 수리철학을 다루는 수리논술을 통해 수학의 본질과 그 가치에 대해 바르게 이해할 수 있도록 지도하여야 한다.

5) 성균관대학교, 2010

연구과제

1. 논술의 개념에 대해 요약하여 설명하시오.

2. 논술지도가 왜 필요한지에 대해 각자의 생각을 정리하시오.

3. 논술의 어원적 의미에 대하여 설명하시오.

4. 통합 논술이 나오게 된 배경에 대해 조사하고 서술하시오.

5. 수리논술의 개념에 대해 요약하여 설명하시오.

6. 수리논술의 유형에 대하여 토론해 보시오.

7. 현재 고등학교에서 다루는 수리논술 문항의 유형을 각자 기준을 세워서 분류해 보시오.

제2장

수리논술의 지도

입학시험에서 논술고사가 시행되면서 학교 현장 교사들은 어떻게 수리논술을 지도해야 할지에 대하여 많은 고민을 하고 있다. 이 장에서는 수리논술을 지도하는 방안에 대하여 알아본다. 2.1절에서는 수리논술의 지도 모형, 2.2절에서는 수리논술의 지도의 실제에 대하여 구체적으로 살펴본다.

2.1 수리논술의 지도 모형

논술은 사고력과 문제해결력을 바탕으로 한 합리적인 판단과 논리적인 표현능력을 길러주기 때문에 오늘날 논술교육은 모든 교과에서 자연스럽게 지도하고 있다. 초기의 논술은 국어 교사, 철학·윤리 교사, 사회 교사 등의 인문 계통의 교사들이 지도하였다. 그 이유는 논술 지도에서 글쓰기 형식을 강조하였기 때문에 발생한 현상으로 볼 수 있다. 논술에서 글쓰기 형식은 중요하지만 교과 내용 지식이 바탕이 되지 않고서는 좋은 논술이 될 수 없다. 수리논술 학습은 수학적 지식과 논리적 방법을 사용하여 실생활에 관련된 여러 가지 문제를 해결하고 그 결과를 상황에 맞게 판단하여 논리적으로 표현하는 능력을 요구한다. 따라서 수리논술 교육은 수학교육의 목적에 부합되며 수학교사가 지도하여야 할 대상이다.

다음의 글은 수리논술 학습의 필요성을 잘 표현하고 있다.[6]

---

6) 박제남, 2008

'고속도로에서 차량간격을 100m로 유지하는 이유를 설명하고 자동차 사고와 관련된 판례를 제공하여 그 판례의 타당성을 논술하라'라는 문제를 보자. 교과서에서의 과학·수학에서는 시간, 속도, 가속도 등과 에너지는 일로 전환된다는 것을 배운다. 학생들은 이 상태에서 몇 가지 문제를 풀게 된다. 그러나 이러한 속도, 가속도는 학생들의 생활과는 관계가 없어 대부분의 학생들이 죽은 학문으로 느끼게 되는 것이다. 그러나 고속으로 질주하던 차가 급브레이크를 밟으면 몇 미터를 더 가다가 멈추게 되는데 이때 이동한 거리를 운동에너지와 마찰력이 한 일 사이의 관계로 구할 수 있고, 이를 이용하여 자동차 사고와 관련하여 판사가 내린 판결이 타당한지 검토해볼 수 있다. 이러한 수업은 교과서에서 조금 더 나아가는 것이지만 학생들과 교사 사이의 의사소통을 활발히 하면서 칠판수업을 위주로 한 교수·학습 형태를 지양하는 방향으로 큰 변화를 가져올 수 있다.

이제 수리논술의 작성 과정과 그 지도 방안에 대하여 알아보자.

수리논술은 본질적으로 문제해결을 위한 글쓰기이며 문제해결 과정이 담긴 글이 기본 유형이 되어야 한다. 수리논술의 작성 과정으로 다음의 네 단계를 생각해 볼 수 있다.

첫째, 문제 상황을 바르게 이해한다.

문제 상황을 이해하기 위해서는 문제가 요구하는 것이 무엇이며, 주어진 자료와 조건은 무엇인가를 알아보아야 한다. 문제가 잘 이해되지 않을 때는 문제 상황을 그림으로 나타내어보면 이해에 도움이 된다. 주어진 문제를 반복적으로 읽거나 용어의 정의를 사용하여 다른 문장으로 표현해 보는 것은 문제 이해에 도움이 된다.

둘째, 수학적 모델을 찾고 글쓰기 계획을 세운다.

주어진 문제가 실생활 문제이면 이 문제 상황을 수학적 모델(수학적 방법)로 나타낸 다음 그 해를 구한다. 이를 토대로 하여 글쓰기 계획을 세운다. 글쓰기 계획은 글을 읽는 사람으로 하여금 깊은 인상과 감명을 줄 수 있도록 적절한 형식을 선택한다.

다음 표는 글쓰기 계획의 한 형식이다.

〈서론〉

1. 주제 설명
2. 주제에 접근하기 위한 조건 제시
3. 논의 순서 제시
(4. 자신의 입장 및 주장 예시)

〈본론〉

1. 주제 논의에 대한 조건 Ⅰ제시 → 주장에 대한 근거 Ⅰ제시
2. 주제 논의에 대한 조건 Ⅱ제시 → 주장에 대한 근거 Ⅱ제시
3. 주제 논의에 대한 조건 Ⅲ제시 → 주장에 대한 근거 Ⅲ제시
(4. 대립 주장에 대한 비판)

〈결론〉

1. 주제 환기
2. 근거들 요약
3. 핵심 주장 제시
(4. 전망 제시)

* ( ) 안의 내용들은 글의 논제와 성격에 따라 생략할 수도 있는 내용이다.

셋째, 글쓰기를 한다.

서론, 본론, 결론의 과정에 따라서 글을 작성한다. 서론은 문제 상황을 충분히 고려하여 문제를 제기해야 하며, 본론은 수학문제의 풀이 과정을 연역적이고 체계적으로 기술하여야 한다. 결론은 구한 수학적 해가 문제 상황에 맞는지, 문제 상황을 개선하기 위해서는 어떤 방안이 더 필요한지 등을 고려하여 글쓴이의 철학과 가치관을 반영한다.

넷째, 작성된 논술문을 전체적으로 반성해 보고 필요한 경우 수정·보완한다.

위의 과정을 정리하면 다음 〈그림 2.1〉과 같은 모형으로 나타낼 수 있다.

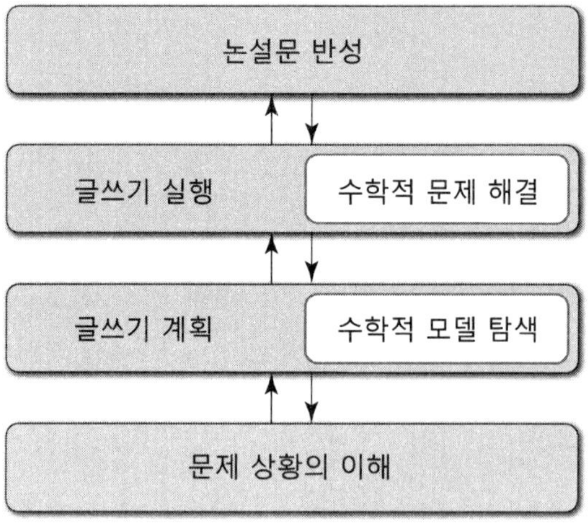

〈그림 2.1〉 수리논술의 모형

수리논술의 지도 과정에서는 각 단계마다 교사의 지도가 필요하며, 학습자 동료 간의 토론과 의사소통을 통해 글쓰기 활동을 점검해 보는 기회를 만들어 주는 것이 필요하다. 예를 들어 문제의 이해 단계에서, 문제 상황을 어떻게 분석하고 이해했는지에 대해 동료 집단 내에서 토론하는 장을 만들어 줌으로써 좀더 폭넓은 사고력을 발휘할 수 있게 하며 문제 상황을 좀더 비판적으로 사고하여 창의적 대안을 만들 수 있는 기반을 조성할 수 있게 한다.

논술작성의 반성의 단계에서 교사는 첨삭지도를 할 필요가 있다. 논술 지도에 있어 학생들이 직접 논술문을 작성하는 훈련과 그에 대한 검토 및 평가가 이루어지는 과정을 통해 피드백(feedback) 효과를 기대할 수 있는 지도가 첨삭 지도이다. 첨삭 지도의 중요 대상은 불필요한 부분의 삭제, 미진한 부분의 보충, 잘못된 논리나 구성의 수정 등이다. 첨삭 지도의 방법에는 학생과 대면하여 지도하는 대면첨삭 지도, 논술문에 지도내용을 기록하는 지면첨삭 지도가 있다. 최근에는 인터넷을 활용한 온라인첨삭 지도가 확산되고 있는 추세이다. 온라인첨삭 지도는 특별한 양식을 활용하지 않는 한 지면첨삭 지도와 별 차이가 없다.[7] 수리논술의 첨삭 지도는 문제해결이 바르게 되었는가, 수학적 명제·정리 등이 바르게 사용되었는가, 수학적 기호나 용어가 바르게 사용되었는가 등을 살피고 지도하는 것이 필요하다. [표 2.1]은 수리논술 반성 단계에서 활용할 수 있는 케빈(kevin)[8]이 제시한 수학적 글

7) 한국교육과정평가원, 2005

[표 2.1] 수학적 글쓰기 체크리스트

번호	물음
1	식, 그래프, 도표 등을 빠짐없이 깔끔하게 정리하였는가?
2	엉성하지 않게 교정은 보았는가?
3	문제를 알지 못하는 독자를 위한 소개글이 있는가?
4	스스로 만든 가정을 진술하였는가?
5	문법, 철자, 구두점은 옳은가? 이해하기에 분명하고 쉬운가?
6	모든 변수들이 적절하게 정의되고 묘사되었는가?
7	수학적 기호들이 옳게 사용되었는가?
8	수학적 용어들이 옳고 정확하게 사용되었는가?
9	도표, 표, 그래프, 그림 등이 옳게 이름 붙여졌는가?
10	수학적으로 분명한가?
11	문제의 답을 제시하였는가?

쓰기 체크리스트를 요약한 것이다.

다음은 한국교육과정평가원에서 제시한 자연계 논술 첨삭지도 자료이다.[9)]

(1) 서론 쓰기 지도

서론의 구성은 전반부의 도입부와 중심부 그리고 후반부의 글 안내부로 구성된다.

도입부와 중심부에서는 글 읽는 사람의 관심을 자아내는 소재를 택해 문제가 요구한 사항으로 연결되도록 해 주어야 한다. 서론의 전반부를 구성하는 요령은 문제의 특성이나 주제에 따라 다양하게 나뉜다. 일반적인 방법들은 다음과 같은 것들이 있다.

8) Kevin P. Lee. A Mathematical Writing Checklist (http://ems.calumet.purdue.edu/mcss/kevinlee/mathwriting/writingcheck.pdf에서 2010년 3월 28일 검색)

9) 한국교육평가원, 2005

① 문제와 연관된 사실을 직접적으로 기술하는 방법
② 구체적인 사례를 통해 다루려는 문제에 접근하는 방법
③ 주제의 핵심 개념에 대한 정의, 또는 설명으로 시작하는 방법
④ 자신의 입장과 반대되는 주장에 대한 소개로 시작하는 방법
⑤ 문제와 연관된 인용이나 비유로 도입부를 구성하는 방법

서론의 후반부에 해당하는 글 안내부는 문제의 요구 사항에 대해 어떻게 다룰 것인가를 밝혀 주는 내용이어야 한다. 그러나 지나치게 도식적이고 형식적인 표현보다는 부드러운 표현이 좋다.

따라서 서론을 쓸 때 주의해야 할 사항들은 다음과 같이 정리할 수 있다.

① 분명한 문제의식의 명시
② 문제의식과 요구 사항 간의 일치
③ 도입부와 중심부의 논리적인 연결
④ 문제의식과 글 안내부의 일치
⑤ 도입부와 문제의식의 신선함
⑥ 부드러운 글 안내부의 작성

(2) 본론 쓰기 지도

본론은 주어진 논술 문제가 논의하기를 요구하는 사항을 하나하나 구체적으로 풀어내는 역할을 한다. 따라서 본론을 잘 쓰기 위해서는 이미 서론에서 논술 문제가 요구하는 사항을 정확하게 짚어 내어 간략하게 정돈하는 것이 좋다. 이런 점을 고려한 본론의 주의 사항은 다음과 같이 정리할 수 있다.

① 일치되게끔 내용들을 하나하나 풀어내야 한다.
② 각 단락마다 주장하는 작은 결론을 담아야 한다. 이때 하나하나의 작은 결론들은 서론에서 밝힌 서술 계획을 구체화하는 역할을 한다.
③ 각 단락에서 끌어내는 작은 결론에 대한 정당한 근거를 제대로 제시해야 한다.
④ 단락과 단락 간의 논리적 연결이 잘 이루어져야 한다. 즉 단락들 간의 내용에도 모순이 없어야 한다. 가능하면 앞 단락을 바탕으로 해서 뒤의 단락을 전개시킴으로써 자기가 전개하고자 하는 논지기 심화되는 방식으로 구성해야 한다.

(3) 결론 쓰기 지도

결론은 서론에서 본론까지의 내용을 정리하고, 자신의 주장이나 입장을 최종적으로 재확인하고 강조하는 곳이다. 그러나 자칫 학생들은 단순히 본론에서 제시한 주장들을 하나하나 가져와서 그대로 반복하는 단순 요약으로 결론을 마무리하는 경향이 있다. 반복적인 내용으로 마무리를 하면 읽는 사람에게 식상한 느낌을 줄 수 있으며, 결론은 있으나마나 한 부분이 된다.

결론을 작성하는 가장 바람직한 지침은 결론 자체가 동일한 주제에 대한 아주 작은 논술이라고 생각하고 쓰는 것이다. 즉 비록 적은 분량이지만 그 안에서도 도입, 전개, 결말이 분명해야 한다는 것이다. 아울러 글의 말미에 전망을 덧붙이면 자신의 주장에 대한 확신이 있는 것처럼 보이기 때문에 글의 완성도를 높이고, 글 전체를 더 의미 있게 만든다. 하지만 전망은 논의한 주제와 구체적으로 연관되는 내용이어야 한다. 서론의 장황함도 문제지만 결론의 거창함도 글에 대한 신뢰도를 반감시킨다.

이를 바탕으로 결론 쓰기의 주의 사항을 정리하면 다음과 같다.

① 본론의 내용을 요약하되, 본론에 들어 있는 내용을 되풀이하듯 표현을 그대로 옮기지 말고 더 확장된 내용으로 일반화해서 표현하는 것이 바람직하다.
② 결론 앞부분에 "이상에서 ~을 살펴보고 ~을 살펴보았다."라는 도식적인 문장 형식 대신에 주어진 문제의 주의 사항과 관련된 최근의 상황을 서론과는 달리 제시하는 것이 좋다.
③ 가능하면 "만약 ~한다면, ~하게 될 것이다."는 식의 전망을 덧붙이는 것이 좋다.
④ 문제가 요구하는 주제와 연관된 분야에 집중하는 구체적인 전망을 제시해야 한다.

2.2 수리논술 자료의 개발방안

수리논술 작성 능력을 지도하거나 그 능력을 평가하기 위해서는 그것에 적합한 문제를 갖추고 있어야 한다. 본 장에서는 수리논술 지도를 위해 필요한 자료를 찾고 개발하는 방안에 대하여 알아보기로 한다.

1) 기출문제 활용

수리논술 능력 평가를 위해 사용된 바 있는 기출문제는 그 평가의 대상에 해당하는 수리능력 문항의 수준을 이해하는 데 가장 적절한 예시 문제라고 할 수 있다. 따라서 어떤 대상에게 수리논술에 대하여 지도하려면 그 대상의 수준에 맞는 기출문제를 분석해 보는 것은 매우 중요한 학습활동이라고 하겠다. 일반적으로 기출 문제는 그 성격상 문제의 수가 많지 않아서 여러 가지 유형을 모두 망라하기는 어려운 실정이다. 특히 수리논술의 경우 이를 중등학교 또는 대학에서 지도한 역사가 거의 없거나 매우 짧은 상황이기에 그 수가 매우 제한적이며 보편성을 띄고 있지 못한 실정이다. 그러나 일부 대학에서 실시한 바 있는 대학입시용 수리논술 문제, 외국의 대학 입학시험용 수리논술 문제 또는 초중등 학교에서 다룬 바 있는 수리논술 문제들은 미약하지만 수리논술 지도를 위한 참고 자료로 활용될 수 있다.

2) 전문 서적 활용

수리논술 학습이나 지도를 위해 이에 관한 전문 서적이나 참고 서적을 활용할 수 있다. 시중에는 수험생을 위한 많은 종류의 참고 서적이 출판되어 있어 편리하게 이용할 수 있다. 그런데 이 참고서적들은 그 내용을 보증하는 검증을 거치지 않았기 때문에 경우에 따라서는 수리논술의 본질과 거리가 멀거나 편중된 문제나 방식으로 다루는 경우가 있어 이를 선택할 경우는 세심한 주의를 하여야 한다. 수리논술의 본질을 잘 반영한, 지도하고자 하는 대상의 수준과 지도의 목적에 부합하는 참고서적를 선택하여야 한다.

3) 문제 제기(만들기)

수리논술 지도를 위한 적절한 문제를 교사가 직접 만들어, 학생들이 경험해 보지 못한 참신한 문제로 수리논술을 해 보게 하는 것은 매우 바람직한 지도 방법이라 할 수 있다. 또한 학습자가 수리논술 문제를 해결해 본 다음 이를 이용하여 스스로 문제를 만들어 해결해 보는 것은 문제를 새로운 관점에서 보게 할 뿐만 아니라 문제와 관련된 새로운 개념을 생각할 수 있도록 해 주기도 한다. 문제 제기의 역할과 중요성으로 다음과 같은 점들이 있다.

① 창의적 문제해결능력과 수학적 사고능력을 길러준다.

② 의미 있는 수학 학습활동을 제공한다.

③ 문제의 구조를 파악하고 문제해결에 필요한 전략을 찾을 수 있는 능력을 길러준다.

④ 수학에 대한 긍정적인 성향을 함양시키는 수단이 된다.

⑤ 이미 배운 지식을 종합적으로 이용할 수 있는 기회를 제공한다.

수리논술 지도를 위한 문제 만들기 방법으로 흔히 사용할 수 있는 것으로 다음과 같은 방법들이 있다.

첫째, 브라운(Brown)과 월터(Walter)가 제시한 What-If-Not(만일 그렇지 않다면 어떻게 될까?) 전략이 있다. 이 전략은 다음과 같은 다섯 단계로 되어 있다.

제 0 단계 : 출발점 선택하기 – 한 문제를 해결한 다음 이 문제를 이용하여 새로운 문제를 만들어 본다.

제 1 단계 : 속성 열거하기 – 문제를 구성하고 있는 요소나 속성을 모두 열거해 본다.

제 2 단계 : 속성 부정하기 (What-If-Not) – 문제에서 열거한 속성이 '만약 그렇지 않다면 어떻게 될 것인가?'라는 의문을 가져본다.

제 3 단계 : 문제 제기하기(만들기) – 앞 단계에서 생각한 의문을 기초로 새로운 문제를 만든다.

제 4 단계 : 제기된 문제 분석하기 – 새로 만든 문제를 분석하거나 해를 찾는다.

브라운과 월터는 이 단계를 적용하여 새로운 문제를 만드는 예로서 피보나치수열에 관한 문제를 해결하게 한 다음 이를 이용한 새로운 문제로서 피보나치수열에서 처음 두 수를 1, 1이 아닌 두 수 10, 7을 대입할 때 이웃하는 두 항의 비의 극한값을 알아보게 하는 문제를 제기하였다. 이 문제로부터 임의의 두 수에서 시작하는 피보나치수열의 규칙을 적용한 수열은 피보나치수열과 같은 성질을 가짐을 발견할 수 있다.

둘째, 수학교과서 등에 있는 문제해결 문제, 특히 실생활에 관한 문제를 수리논술 문제로 변환하는 것이다. 문제해결 문제는 수학의 여러 가지 개념과 수학적 사고를 필요로 하기 때문에 수학적 능력을 평가하기에 적절하며 이에 더하여 문제해결의 과정과 결과를 글로 표현해 보게 하면 적절한 수리논술 문제로 변환될 수 있을 것이다.

셋째, 신문이나 언론 매체 등에 나오는 현실적인 문제 중 수학적으로 해결할 수 있는 상황을 수리논술 문제로 구성할 수 있다. 이런 문제는 현실 상황을 고려한 다양한 수학적 지식의 활용 능력과 표현 능력을 함양할 수 있으므로 수리논술 문제로서 적절한 문제가 될 수 있다.

2.3 수리논술 지도의 실제

제시된 수리논술 문제를 실제로 지도한 한 예를 통하여 수리논술 지도의 과정과 지도상의 유의점에 대하여 알아보자.

논술문제

다음은 어떤 중학교 3학년 수학교과서 이차방정식의 활용 단원에 있었던 문제이다. 그러나 이 문제는 이듬해부터 다른 문제로 교체되었다. 이 문제가 교체된 이유에 대하여 논하시오.

오른쪽 그림과 같이 가로, 세로의 길이가 각각 35m, 26m인 직사각형 모양의 잔디밭에 폭이 일정한 길을 만들려고 한다. 길을 제외한 잔디밭의 넓이가 682m^2가 되도록 하려면 길의 폭을 얼마로 하여야 하는가?

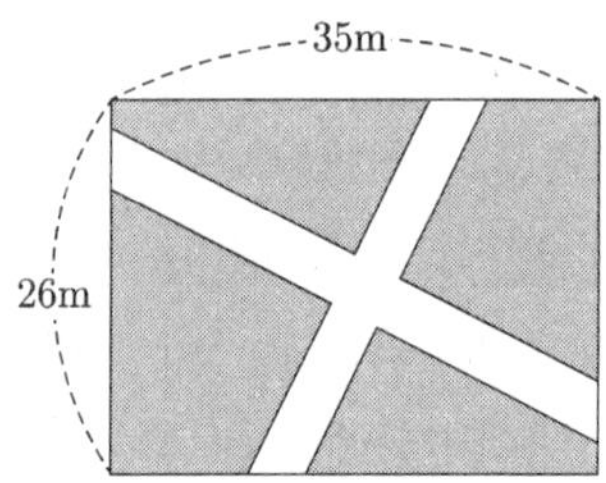

지도단계

① 문제 상황을 이해하게 한다.

문제가 교체된 배경에는 중요한 이유가 있을 것이고, 그 이유를 찾기 위해서는 먼저 그 문제를 풀어보는 것이 중요함을 알게 한다.

사례 학생들은 주어진 문항이 의미하는 바가 무엇인지 중요 요소에 밑줄을 긋기도 하고 문제가 어떤 문제인지에 대해 곰곰이 생각하는 태도를 보였다. 4명을 한 모둠으로 구성하여 토론 수업의 형태로 진행하였기에 처음 단계에서부터 서로의 의견을 나누기보다는 혼자서 문제 상황을 이해하거나 바로 옆의 동료와 둘이서 얘기를 나누도록 지도하였다.

② 수학적 모델을 찾고 글쓰기 계획을 세운다.

문제 상황에 적합한 수학적 모델이 무엇인지를 찾게 한다. 이를 토대로 하여 서론, 본론, 결론의 형식을 갖추어 글을 쓰는 과정을 계획하게 한다. 문항에서 요구한 답을 글의 첫 머리에 언급할 것인지, 마지막에 언급할 것인지를 정하게 해야 하며, 그 근거가 되는 수학적 원리, 정리, 법칙들을 어떠한 순서로 배열해 나갈 것인지를 정하게 한다.

사례 토론 수업 형태로 진행된 수업에서 학생들은 해결책을 모색하기 위해 다양한 반응을 보였다. “오류가 없는데 이상하다. 혹시 오류가 있다고 한 이 문장이 오류 아니야?”, “그림이 잘못된 거 아니야?”, “길의 폭이 일정하다는 말로 평행사변형 모양이라고 말할 수 있나? 그게 오류 아니야?”, “두 길이 겹치는 부분이 정사각형이야? 마름모야?” 등등의 반응을 보이며 각자의 주장을 하였다. 교사는 구하고자 하는 것이 길의 폭임을 확인시켰으며 기존에 배운 유사한 문제 상황에 대해 떠올려 보도록 지도하였다. 수학적 모델을 선정한 모둠에게는 어떻게 쓰는 것이 가장 효율적일까에 대해 토론을 진행하도록 지도하였다.

③ 글쓰기를 한다.

②의 과정에서 정해진 글쓰기 계획에 따라 글쓰기를 하도록 지도한다. 글을 쓰는 과정에서 수학적 문제 해결이 일어나지만, 그렇지 못하고 자신의 문제해결에 오류가 있음을 깨달아 수정 보완을 해야 하는 경우도 있음을 알게 한다.

사례 글쓰기에 익숙하지 않은 학생들의 경우는 글쓰기를 계획하지 않고 무작정 쓰기를 시작하여 썼다 지웠다를 반복하는 행동을 보이기도 하였다. 주로 ‘따라서 결론적으로 오류가 있다’와 같이 마지막에 결론을 언급하는 형식을 선택하였다. 오류가 없다고 하면서 길의 폭을 직접 구할 수 있다고 주장한 모둠의 경우도 있었는데 이 같은 모둠은 글쓰기를 실행하는 과정에서 해결책이 아니라고 판단하여 다시 새로운 수학적 모델을 찾아 토론을 시작하기도 하였다. 글쓰기를 통해 올바른 문제해결이 일어날 수 있음을 알도록 지도하였다.

⑤ 논술문을 반성한다.

작성된 논술에 대해 비판적으로 접근하여 수정 보완하도록 지도한다. 특히 전체적인 흐름이 제3자의 입장에서 읽고 이해하기 쉬운지를 점검하며, 수식을 잘못 쓴 경우와 같은 표현 형식의 오류에 대해서도 점검하게 한다.

사례 2명씩 짝을 지어 작성한 내용에 대해 모둠별로 어느 것이 더 나은지를 토론하고 좀더 나은 글을 선정하여 평가 반성하는 시간을 가졌다. 교사는 모든 모둠에서 제출한 답안을 실물화상기를 통해 살펴봄으로써 서로 다른 모둠의 논술에 대해서도 검토해보는 시간을 가졌다. 마지막으로 답안의 부족한 점에 대한 첨삭지도를 하였다.

위의 과정을 통해 작성된 수리논술 답안 중에는 '문제가 오류라는 것이 오류이다'고 하거나 '그림이 잘못 그려졌다'고 답하면서 명확한 근거를 제시하지 못한 모둠도 있었다. 다음은 어느 한 모둠에서 작성한 답안이다.

학생답안

구하고자 하는 길의 폭을 x라고 하고, 평행사변형 모양의 길에서 짧은 변의 길이를 y라 하자.

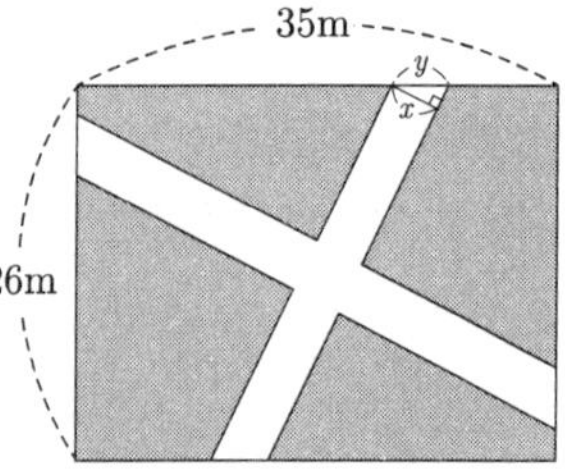

길을 제외한 넓이가 682m^2라는 조건에 알맞은 y의 값은 다음과 같은 방정식을 만들어 구할 수 있다.

$$(35-y)(26-y)=682$$
$$y=4(\text{m})$$

그러나 x의 값을 구하기 위해 x에 관한 방정식을 만들 수 없다. 따라서 이 문제의 조건만으로는 길의 폭을 구할 수 없다.

위의 답안에서 밑줄 친 부분에 대한 설명이 부족하다고 판단되어 이에 대하여 첨삭지도를 한다고 하여 보자. 대상이 어떤 학생인가에 따라 다음과 같이 다른 형태의 첨삭지도가 가능하다.

예를 들어 중학교 3학년 학생에게는 넓이가 682m^2일 때 y의 값은 유일하게 구할 수 있으나 x의 값은 다음의 두 그림과 같이 서로 다른 값을 가질 수 있음에 대해 첨삭지도를 할 수 있다.

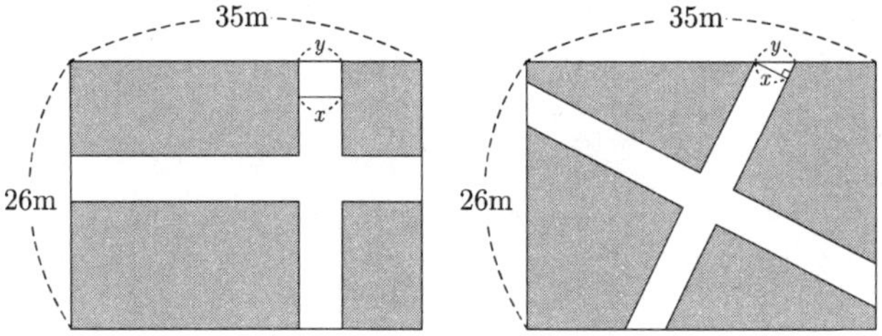

중학교 3학년 학생과는 달리 고등학생 이상의 학생에게는 x의 값의 범위를 직접 구하게 하여 그 값이 유일하지 않음을 보이도록 첨삭지도를 할 수 있다. 이 경우 “평행사변형 모양의 두 길이 서로 수직으로 만난다는 조건”, “평행사변형 모양의 두 길의 양쪽 끝 4개가 각각 직사각형 모양의 잔디밭에 있으며 변과 길이 이루는 각의 크기” 등이 문제에 더 제시되었어야 함을 첨삭지도 하는 것이 좋다.

연구과제

1. 수리논술을 왜 지도해야 하는지에 대하여 설명하시오.

2. 수리논술을 지도하는 과정에 대하여 설명하시오.

3. 논술은 서론, 본론, 결론의 형태를 갖추어 작성하는 것이 바람직하다. 22쪽의 〈학생답안〉을 서론, 본론, 결론의 형태로 다시 작성해 보시오.

제3장 수리논술의 평가

이 장에서는 수리논술의 평가에 대하여 이론과 실제를 알아본다. 3.1절에서는 수리논술 평가의 기준, 3.2절에서는 수리논술 평가 기준에 따른 수리논술 평가의 실제에 대하여 알아본다.

3.1 수리논술의 평가 기준

수리논술을 작성한 후에는 그 논술이 잘 작성된 것인지 평가할 필요가 있다. 논술의 평가는 크게 나누어 글의 내용과 글쓰기 형식으로 이루어진다. 글의 내용 평가는 무엇을 썼는지를 평가하고, 글쓰기 형식의 평가는 글쓰기의 구성 체제뿐만 아니라 글의 내용이 논리적으로 기술되었는가를 평가한다. 수리논술의 평가는 주장하고자 하는 바가 분명히 나타나야 하며 그것이 정확한 수학적 원리, 법칙, 정리 등을 기반으로 한 논리성을 갖추고 있을 때 좋은 평가를 받을 수 있다.

아래의 표는, 수리논술의 평가기준을 구체적으로 알아보기 위한 것으로, 서울 소재 어느 대학교 입학시험의 자연계 논술 평가기준[10]이다.

10) 서울대학교, 2009

구분	평가내용 및 기준
지시사항 불이행(과락)	• 필기구 종류 위반(두 종류 이상의 필기구 사용) • 응시자의 신원노출
개념과 원리의 이해·분석· 구성능력 (이해·분석력)	• 제시문의 내용, 수식, 도표에 대한 해석 및 변환 능력 • 논제와 관련된 수리적, 과학적 개념과 원리에 대한 식별 및 인지 능력 • 개념의 정의와 원리에 대한 정확한 이해력 • 수리적, 과학적 상황에서 변인과 대상 사이의 관계 설정 능력
통합적 추론 능력 (논증력)	• 수리적, 과학적 개념과 원리의 통합력 –과학적 결과를 도출하기 위한 수리적 과정의 적용 –수학과 과학의 서로 다른 영역에 속한 개념들의 연결 • 구성 조직 및 모형화 능력 –주어진 자료와 변인을 고려한 설명 모형 설계 –실험 설계에 나타나는 귀납적, 연역적 사고 과정 –모형으로 현상을 설명하고 결과를 예측 • 근거 설정 및 일반화 능력 –증거와 과학적 개념에 기초한 추론 –원인과 결과의 논리적 타당성
창의력	• 심층적인 논의 전개 –가설, 문제해결 과정, 탐구한 결론에 대한 비판적 평가 –명시적으로 주어진 조건을 뛰어 넘는 새로운 결론 유추 • 다각적인 논의 전개 –발상이나 관점의 전환 –대안적 문제해결 방법에 대한 모색 • 영역전이적인 논의 전개 –결론으로 도출된 원리를 새로운 상황에 적용 –일상 속에서 개념과 원리가 적용되는 사례 발견 및 활용
의사소통 능력 (표현력)	• 시각화 –문제해결 과정을 도표, 모형, 그림 등을 통해 표현 • 수식화 –문제해결 과정이나 결론을 수식으로 표현 • 표현의 적절성 –문장표현의 간결성 및 맞춤법

위 표의 자연계 논술 평가기준은 내용에 대한 이해분석력, 논증력, 창의력과 문장으로 나타내는 표현력을 평가 대상으로 하여 평가 내용과 기준을 구체적으로 제시하고 있다.

논술의 채점방식은 보통 점수를 부여하는 방식에 따라 총체적 평가 방법(global method)과 분석적 평가 방법(analytical method)으로 분류할 수 있다. 총체적 평가 방법은 논술의 전체를 대상으로 평가하는 방법을 말한다. 다음은 말론(Malone)이 제시한 비정형 문제의 해결 능력을 평가하기 위한 총체적 채점 기준표의 예이다.[11)]

점수	총체적 채점 기준
0점	〈시작도 하지 못한 경우〉 학생이 문제를 전혀 이해하지 못하여 문제 풀이를 시작하지 못했거나 무의미한 것을 제시
1점	〈접근〉 의미 있게 문제에 접근하여 어느 정도 문제를 이해하고 있음을 나타내고 있으나 일찍 곤란에 부딪혔음
2점	〈본질〉 합리적인 풀이에 도달하였다는 충분한 세부적 증거가 있으나 중요한 실수나 잘못된 해석이 옳은 풀이를 방해하였음
3점	〈결과〉 문제가 거의 해결되었으나 경미한 실수로 완전한 답을 못 구하였음
4점	〈완성〉 적절한 방법을 사용하여 문제를 바르게 해결하였음

분석적 평가 방법은 논술을 몇 개의 영역으로 나누어 채점한 후 이들의 점수를 합산함으로써 전체 점수를 부여하는 방법이다. 이 방법은 다수 학생의 논술을 객관성을 강조하여 채점하는 경우에 적합한 방법이다.

수리논술 평가에서 어떤 채점방법을 사용할 것인가는 문항의 성격, 평가의 활용 목적, 평가의 경제성 등에 따라 달라진다. 학생들의 서열을 매기는 것이 목적이라면 총체적 방법이 적절하고, 학생의 취약한 부분을 파악하고 지도하는 것이 목적이라면 분석적 방법이 적절하다. 일반적으로 총체적 채점은 분석적 채점보다 시간이 적게 걸리므로 경제적이라 할 수 있으며, 분석적 채점은 채점기준이 더 명확하게 제시되기 때문에 객관성이 더 높은 평가방법이라 할 수 있다.

이와 같이 논술의 평가는 문제 상황의 이해 능력, 논리적 추론능력, 문제해결 능

11) 강옥기 외, 2010, 재인용.

력, 표현력 등 고등 사고능력을 측정할 수 있는 평가 방법이며, 좀더 신뢰성있는 채점 방식을 활용하고 있다. 그러나 그 활용에 있어서 다음과 같은 몇 가지의 문제점을 생각할 수 있다.

첫째, 채점하는 데 많은 시간과 비용이 든다. 이 문제를 해결하기 위하여 컴퓨터를 활용한 채점 방법이 연구될 필요가 있다.

둘째, 채점 과정에 있어서 객관성과 공정성의 문제를 피하기가 어렵다. 채점자가 그 분야의 전문가라 하더라도 다양한 답안이 가능하므로 이 문제를 피하기는 어려운 실정이다.

셋째, 논술 내용의 교육보다는 표현 형식 교육에 치중될 우려가 있다. 논술의 내용과 표현 능력을 고르게 학습할 수 있도록 지도해야 할 것이다.

논술평가와 논술교육은 위와 같은 문제점을 극복할 수 있도록 연구해야 하며 지도해야 할 것이다.

3.2 수리논술 평가의 실제

이제 실제로 행해진 수리논술의 문제, 출제 의도, 채점 기준을 알아보자. 아래의 자료는 서울 소재 어느 대학교의 모의 논술고사 문제와 출제의도, 채점 기준이다.[12)]

논술문제

다음 〈제시문 3-1〉과 〈제시문 3-2〉를 읽고 [문제 3-i]과 [문제 3-ii]에 답하시오.

〈제시문 3-1〉 폐구간 $[a, b]$에서 정의된 함수 $f(x)$의 구간 위의 정적분 $\int_a^b f(x)dx$는 좌표평면에서 $y=f(x)$와 x축, $x=a$와 $x=b$로 둘러싸인 영역의 부호를 가진 넓이로 해석될 수 있다.

12) 성균관대학교, 2010

〈제시문 3-2〉 함수 $f:[0,\ \infty)\rightarrow[0,\ \infty)$가 〈그림 1〉과 같이 $x\ge 0$에서 연속이고 증가하는 일대일 대응이라고 하자. 만약, $f(0)=0$이고 $x\ge 0$에서 $f(x)$의 역함수 $x=f^{-1}(y)$가 모든 $y\ge 0$에 대하여 존재한다면, 〈그림 1〉과 〈제시문 3-1〉에서 모든 양수 $a,\ b$에 대하여 다음의 부등식이 성립함을 알 수 있다.

$$ab\le\int_0^a f(x)dx+\int_0^b f^{-1}(y)dy \qquad \cdots\cdots(1)$$

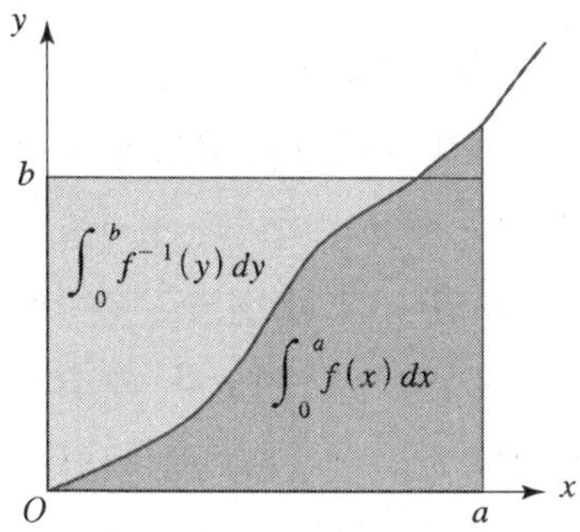

〈그림 1〉

[문제 3-i] p가 1보다 큰 양수이고, q가 $\dfrac{1}{p}+\dfrac{1}{q}=1$을 만족하는 양수일 때 〈제시문 3-2〉의 식 (1)을 이용하여 모든 양수 $a,\ b$에 대하여 다음 부등식이 성립함을 논증하시오. (필요한 경우, $k\ne-1$인 실수일 때 $\displaystyle\int x^k dx=\frac{1}{k+1}x^{k+1}+C$임을 이용하시오.)

$$ab\le\frac{a^p}{p}+\frac{b^q}{q}$$

[문제 3-ii] 〈제시문 3-2〉의 식 (1)에서 등호가 성립할 때, a와 b의 관계를 〈그림 1〉에서 유추하고 또한 이로부터 [문제 3-i]의 부등식에서 등호가 성립할 조건, 즉 $ab=\dfrac{a^p}{p}+\dfrac{b^q}{q}$가 성립할 조건을 추론하시오.

■ 출제의도와 예시답안

적분은 미분과 함께 미적분학에 있어서 가장 중심이 되는 작용소이다. 미적분학은 자연과학, 공학 등 여러 학문 분야에서 필수 불가결한 언어로 쓰이고 있을 뿐 아니라, 자연과학과 공학을 공부하려는 학생들에게 학문 발전의 밑거름이 되는 분야이다. 이러한 배경 아래에서 수학 문제를 출제함에 있어서 고교 교육과정을 넘어서는 독창적인 답안을 유도하거나 기술적인 계산을 요구하는 문제를 지양하고, 이 공계 고교 수학 교육과정을 정상적으로 이수한 학생이면 논리 전개가 가능한 문제를 출제하고자 하였다. 또한 고교 교육과정에서 배운 적분에 대한 직관적인 이해의 중요성을 강조하고자 하였다.

[문제 3-i]은 고교 교육과정에서 중요한 개념 중의 하나인 역함수를 찾아내어 그 역함수를 이용하여 주어진 부등식을 유도하는 능력을 판단하고자 하였다. 처음부터 주어진 함수를 적분하는 것이 아니라 결과를 유도하기 위하여 적당한 함수를 찾아내는 능력을 보고자 하였다. 또한 실제로 간단한 경우의 함수의 적분을 직접 계산할 수 있는 능력의 중요성을 강조하고자 하였다.

[문제 3-ii]는 〈제시문 3-2〉에 나오는 〈그림 1〉을 기하학적으로 세밀히 관찰할 수 있는 능력을 판단하고자 하였다. 여러 가지 형태의 그래프를 학생들이 실제로 그려봄으로써 등호가 성립하는 경우를 추론할 수 있는 능력을 강조하고자 하였다.

예시답안

[3-i]

서론 □ $\frac{a^p}{p}$라는 항을 만들기 위해서는 x^{p-1}을 적분하여야 한다. $p>1$인 경우 $f(x)=x^{p-1}$은 구간 $[0,\ \infty)$에서 $[0,\ \infty)$로 가는 일대일 대응이 된다. x와 y를 바꾸는 과정, 즉, $y=x$에 관하여 대칭이동을 함으로써 역함수를 구할 수 있다. 주어진 함수의 역함수는 $x=y^{p-1}$, 즉 $y=x^{\frac{1}{p-1}}(x \geq 0)$가 된다.

본론 ■ 〈제시문 3-2〉에 주어진 식 (1) $ab \leq \int_0^a f(x)dx+\int_0^b f^{-1}(y)dy$을 적용하고자 한다. $f(x)=x^{p-1}$, $f^{-1}(y)=y^{\frac{1}{p-1}}$라 두면, $\int_0^a x^{p-1}dx=$

$\left[\frac{1}{p}x^p\right]_{x=0}^{a} = \frac{a^p}{p}$가 되고, $\int_0^b y^{\frac{1}{p-1}}dy = \left[\frac{p-1}{p}y^{\frac{p}{p-1}}\right]_{y=0}^{b} =$ $\frac{p-1}{p}b^{\frac{p}{p-1}}$가 성립한다. 문제에서 q는 $\frac{1}{p}+\frac{1}{q}=1$을 만족하므로, $q=\frac{p}{p-1}$이고 따라서, $\int_0^b y^{\frac{1}{p-1}}dy = \frac{p-1}{p}b^{\frac{p}{p-1}} = \frac{b^q}{q}$가 성립한다.

결론 ■ 그러므로, 이 경우 식 (1)의 우변은 $\frac{a^p}{p}+\frac{b^q}{q}$가되고 따라서, $ab \le \frac{a^p}{p}+\frac{b^q}{q}$가 성립한다.

[3-ii]

서론 □ 직사각형의 넓이와 적분영역의 넓이를 서로 비교하여 보자.

본론 ■ 직사각형의 넓이와 적분 영역의 넓이가 같아지려면 〈그림 1〉로부터 등식이 성립할 때, $f(a)$와 b가 같아야 함을 알 수 있다. 즉 식 (1)의 등호가 성립할 조건은 $b=f(a)$이다.

결론 ■ 마찬가지로 [문제 3-i]에 주어진 부등식의 등호가 성립할 조건은 $b=a^{p-1}$, 즉 $b^q=a^p$이다.

■ 채점 기준 1. - 분석적 채점기준

[문제 3-i]

배점	해답	채점기준
14점	$f(x)=x^{p-1}$, $f^{-1}(y)=y^{\frac{1}{p-1}}$라 두면, $\int_0^a x^{p-1}dx = \left[\frac{1}{p}x^p\right]_{x=0}^{a} = \frac{a^p}{p}$가 되고, $\int_0^b y^{\frac{1}{p-1}}dy = \left[\frac{p-1}{p}y^{\frac{p}{p-1}}\right]_{y=0}^{b} = \frac{p-1}{p}b^{\frac{p}{p-1}}$ 가 성립한다. q는 $\frac{1}{p}+\frac{1}{q}=1$을 만족하므로, $q=\frac{p}{p-1}$이고 따라서, $\int_0^b y^{\frac{1}{p-1}}dy = \frac{p-1}{p}b^{\frac{p}{p-1}} = \frac{b^a}{q}$가 성립한다.	$f(x)$를 적절히 찾은 경우 5점, $f^{-1}(y)$를 적절히 계산한 경우 3점, 적분 계산 과정에 3점, 최종 결론을 내리는 과정에 3점

[문제 3-ii]		
배점	해답	채점기준
11점	직사각형의 넓이와 적분 영역의 넓이가 같아지려면 〈그림 1〉로부터 $f(a)$와 b가 같아야 함을 알 수 있다.	$f(a)$와 b가 같다는 결론에 6점
	문제 3-i에 주어진 부등식의 등호가 성립할 조건은 $b = a^{p-1}$, 즉 $b^q = a^p$이다.	$b = a^{p-1}$, 즉 $b^q = a^p$라는 결론에 5점

등급환산표					
등급	A	B	C	D	E
점수	25~20	19~15	14~8	7~3	2~0

위의 두 채점기준표는 분석적 채점 기준이며, 채점 결과를 점수 구간에 따라 A에서 E까지 5등급으로 등급화하였다.

위의 두 채점기준표에 의하여 다음 학생의 풀이를 채점하여 보자.

학생답안

[문제 3-i]

$y = x^{p-1}$ 로 두면, $f^{-1}(y) = y^{\frac{1}{p-1}}$ 가 된다 ($\because\ y^{\frac{1}{p-1}} = x$)

$\therefore \int_0^a x^{p-1}dx = \left[\frac{1}{p}x^p\right]_0^a = \frac{1}{p}a^p$

그리고, $\int_0^b y^{\frac{1}{p-1}}dy$

$= \left[\frac{1}{\frac{1}{p-1}+1}\,y^{\frac{1}{p-1}+1}\right]_0^b = \left[\frac{1}{\frac{1+p-1}{p-1}}\,y^{\frac{1+p-1}{p-1}}\right]_0^b$

$= \left[\frac{p-1}{p}\cdot y^{\frac{p}{p-1}}\right]_0^b = \frac{p-1}{p}\cdot b^{\frac{p}{p-1}}$

그런데 $\frac{1}{p}+\frac{1}{q}=1$ 에서 $\frac{p+q}{pq}=1 \quad \therefore p+q=pq$

$pq-q=p \quad \therefore q(p-1)=p \quad \therefore q=\frac{p}{p-1}$

$$\therefore \int_0^b y^{\frac{1}{p-1}}\,dy = \frac{p-1}{p}\times b^{\frac{p}{p-1}} = \frac{1}{q}\times b^q = \frac{b^q}{q}$$

그림에서 $a\times b$는 직사각형의 넓이 이고,

$\frac{a^p}{p}+\frac{b^q}{q}$ 는 이 직사각형의 넓이보다 크거나 같다

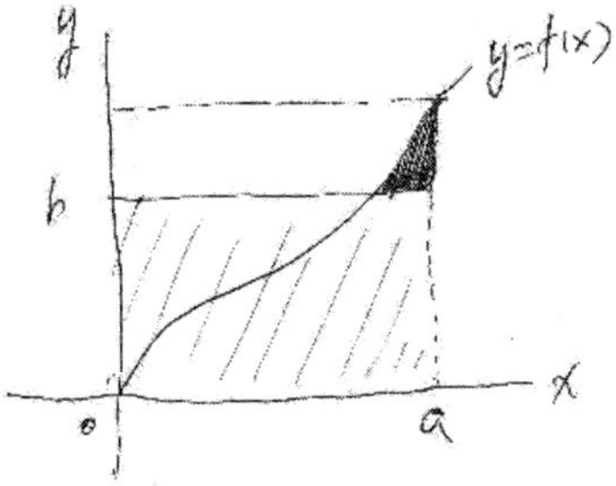

즉, $a\times b \le \int_0^a f(x)dx + \int_0^b f^{-1}(y)dy$

가 성립한다

[문제 3-ii]

그림에서 만약 $f(a)=b$ 가 되려면,

$a\times b \le \frac{a^p}{p}+\frac{b^q}{q}$ 에서 등호가 성립하는 경우이다

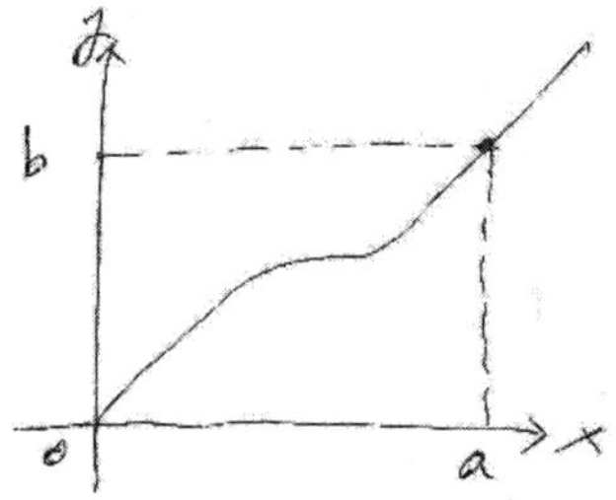

그런데 $f(x)=y=x^{p-1}$ 로 하였으므로

$f(a)=a^{p-1}=b$ 일때 등호가 성립한다.

[3-i]에서 $\frac{p}{p-1}=q$ 이므로

$\frac{p}{q}=p-1$ $\quad\therefore a^{\frac{p}{q}}=b$

$a^p=b^q$

연구과제

1. 서술형 평가 문항과 논술형 평가 문항은 어떻게 다른지에 대하여 설명하시오.

2. 서술형 평가 문항의 채점과 논술형 평가 문항의 채점은 어떻게 달라야 하는지에 대하여 설명하시오.

3. 28쪽에서 논술평가의 세 가지 문제점을 제시하였다. 각각의 문제점에 대한 대안을 제시하시오.

4. 32, 33쪽에 있는 학생답안에 대해 분석적 채점기준표에 따라 채점하였을 때 만점을 주지 않는다면 어떤 요소 때문일지에 대해 토론해 보시오.

5. 다음은 28쪽 논술문제의 [문제3-i]에 대한 총체적 채점기준표이다. 이 채점기준표에 따라 32쪽의 학생 풀이를 채점해 보시오.

배점	총체적 채점 기준
0점	학생이 문제의 풀이를 시작하지 못했거나 무의미한 것을 제시하였다.
4점	학생이 문제 풀이의 방향을 제시하였으나 더이상 진전시키지 못하였다.
8점	충분한 근거로 풀이를 진행하였으나 중요한 실수로 인해 문제를 해결하지 못하였다.
11점	문제가 거의 해결되었으나 경미한 실수가 있었다.
14점	적절한 방법을 사용하여 문제를 바르게 해결하였다.

제2부

수리논술의 사례연구

수리논술이 무엇인가에 대해서는 다양한 견해가 있다. 물론 이 책에서도 수리논술을 정의했으나 명확히 정의하는 것이 오히려 수리논술의 중요성과 필요성을 반감시킬 수도 있다. 제2부에서는 수리논술의 의미를 좀더 확장하여 수학적 글쓰기라는 측면에서 수리논술의 사례를 제시하고자 한다. 이러한 사례들은 수리논술 문항과 그 예시답안으로 구성되어 있다. 수리논술 지도를 생각함에 있어 예시답안이 어떻게 작성되었는지를 보는 것은 큰 의미가 있어 이와 같이 구성하였다. 제4장에서는 우리나라의 사례를, 제5장에서는 외국의 사례를 살펴보고자 한다.

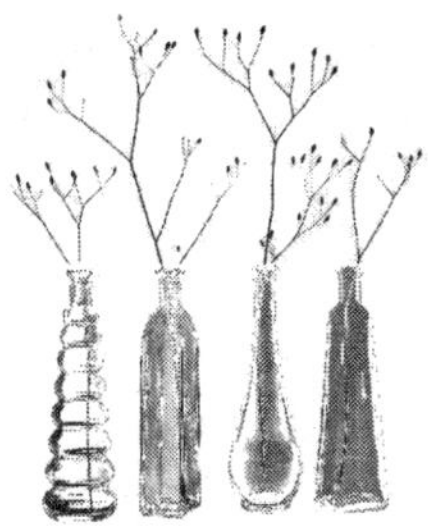

제4장

우리나라 수리논술 사례

이 장에서는 우리나라 수리논술의 사례를 살펴보고자 한다. 앞에서도 밝혔듯이 수리논술은 단지 대학입시를 위한 논술만이 아니라 이를 포함하는 더 폭넓은 의미의 수학적 문제해결의 글쓰기이다. 이러한 면에 있어 현재 어떤 유형의 문제들이 수리논술 문제로 다루어지는가를 살펴보는 것은 중요하다. 따라서 4.1절에서는 중등학교 수학 교과서와 익힘책에 제시되고 있는 문제 유형을, 4.2절에서는 대학입시에서 제시되고 있는 문제 유형을, 4.3절에서는 그 외 중등학생들이 접할 수 있는 문제 유형을 다루고자 한다. 이 장에서 나오는 예로 들은 답안에서는 편의상 서론, 본론, 결론의 구분을 각각 서론은 □, 본론은 ▩, 결론은 ■으로 표시하였다.

4.1 중등학교 수리논술 사례

2015 개정 교육과정은 학교교육을 통해 모든 학생들이 인문·사회·과학기술에 대한 기초 소양을 함양하여 인문학적 상상력과 과학기술 창조력을 갖춘 창의·융합형 인재를 양성하는 것을 목표로 하며, 수학과 교육과정은 교과역량을 개발하기 위하여 문제해결, 추론, 의사소통, 창의·융합 등의 수리논술적 능력 신장을 요구하고 있다.

다음은 어느 중학교 1학년 수학 교과서에 제시된 수리논술 관련 문항[13])과 그 예시답안이다.

논술문제

지구의 적도 둘레가 강철로 만들어진 띠로 단단하게 감겨 있다고 상상해보자. 이 띠를 10m만 늘려서 지구 표면에서 동일하게 떨어지게 감는다면 어린 아이들이 강철에 닿지 않게 지나갈 수 있다고 한다. 이 사실이 옳음을 논리적으로 설명하여라.

Tip 이 책에서는 답안의 경우 아래의 예시답안과 같이 서론은 □, 본론은 ▩, 결론은 ■처럼 특정기호를 사용하여 표시하기로 한다.

예시답안

□ 지구는 실제로 구의 모양이 아니지만 적도의 둘레를 원이라 가정하고 강철로 만든 띠를 또 다른 동심원으로 생각하여 그 둘레의 길이를 구하여 본다.

▩ 지구의 반지름의 길이를 r m 라고 하면 지구의 적도 둘레의 길이는 $2\pi r$ m 이므로, 강철 띠의 길이는

$$(2\pi r+10)\text{m} \qquad \cdots\cdots \text{(ㄱ)}$$

이다.

또한 10m 늘린 강철 띠로 지구 표면에서 동일하게 떨어지게 감았을 때 늘어난 반지름의 길이를 h m라고 하면, 강철 띠의 길이는

$$2\pi(r+h)\text{m} \qquad \cdots\cdots \text{(ㄴ)}$$

이다.

두 식 (ㄱ), (ㄴ)으로부터

13) 정순영 외(2009), 중학교 1학년 수학교과서, (주)두산

$$2\pi r + 10 = 2\pi(r+h)$$

$$h = \frac{10}{2\pi} \doteqdot 1.59(\mathrm{m})$$

■ 따라서 $\frac{10}{2\pi}$m 미만, 즉 1.59m 정도의 어린 아이들은 강철에 닿지 않게 지나갈 수 있을 것으로 판단할 수 있다.

위 문제는 수학적 지식을 활용하여 해결할 수 있는 것으로 많이 알려져 있는 문제 중 하나이다. 지구의 적도 둘레를 띠로 감는다는 발상은 현실적이지 못하지만 수학적 상상력을 동원하여 논리적으로 설명할 수 있다. 지구라는 커다란 크기의 구를 감싸고 있는 띠를 상대적으로 매우 작은 값인 10m 밖에 늘리지 않았음에도 불구하고 $\frac{10}{2\pi}$m 즉 1.59m 정도의 아이들도 지나갈 수 있다는 사실로 인해 이 문제를 처음 접하는 학생들은 상상력과 함께 수학적 재미를 느낄 수 있다. 이 문제는 구의 크기에 관계없이 동일한 답을 가진다는 것에 논리적인 근거를 들어 설명하여야 한다.

다음은 어느 고등학교 1학년 수학 익힘책에 제시된 수리논술 관련 문항[14)]과 그 예시답안이다.

논술문제

다음 그림은 어떤 사람이 어느 날 하루 동안 운전한 차의 속도 변화를 그래프로 나타낸 것이다.

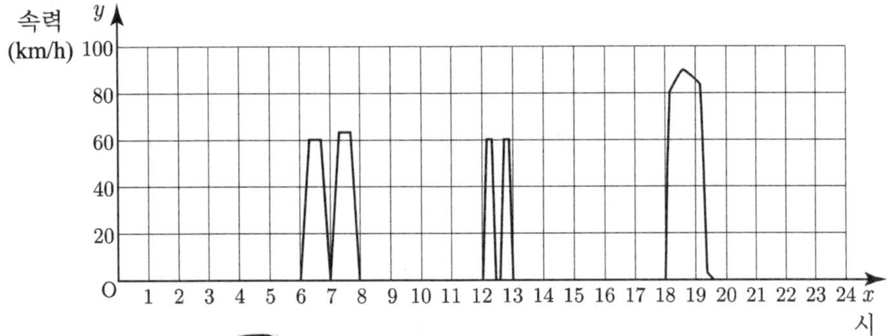

14) 최봉대 외(2009), 고등학교 1학년 수학 익힘책, (주)중앙교육

이 그래프의 특징을 관찰한 후, 이 사람의 일과를 아래 단어를 사용하여 1000자 이내의 논리적 이야기로 엮어 보아라.

직업, 집, 직장, 시간, 교통, 거리 등

예시답안

□ x축을 시간축, y축을 속력축으로 하여 속도의 변화를 그래프로 나타낸 것을 보고 일과를 생각하여 보자. 6시부터 8시까지 그래프의 변화가 일어나고 다시 12시부터 13시까지 그리고 18시부터 19시와 20시 사이까지 변화가 일어남에 주의하여 다음과 같이 현실을 상상할 수 있다.

■ 아빠의 하루 동안 차의 속도 변화일지는 다음과 같았다.

"아침 6시에 집을 나서서 서서히 속력을 냈다. 속도가 60km/h가 될 때까지 약 20분 정도 소요되었다. 그리고는 제한속도가 60km/h인 지역이라서 이 속력을 유지하다가 스쿨존 지역에서 속력을 줄여 7시 쯤 어느 초등학교 앞 횡단보도에서 일시 정차하고, 다시 속력을 높여 20분 정도는 64km/h의 일정한 속도로 달린 후 서서히 줄여 8시에 회사에 도착하였다. 오전 업무를 마치고 12시 점심시간이다. 급한 마음에 급출발을 해서 잠시 일정한 속도 50km/h로 달린 후 급하게 자동차를 세워 10여 분 동안 국수를 먹고 다시 급출발·급제동하여 회사에 도착했다. 오후 업무를 마치고 6시에 퇴근을 하는데 거리가 한산하여 엑셀을 힘껏 밟아 80km/h로 올리고 90km/h까지 속도를 내보았다. 동네 골목으로 들어서기 위해 급하게 속도를 줄여서 7시 20분쯤 집 앞에 도착했다. 주차를 하고 대문에 들어선 시각은 7시 40분이었다."

■ 시간과 속도 사이의 관계를 보고 적절히 구성하여 보았다. 아빠의 일지를 보면서 점심시간, 퇴근시간에 급출발·급제동을 하시지 말 것을 말씀드렸다.

속도, 가속도, 위치의 연관성은 고등학교 2학년에 미분과 적분 단원에서 다루어진다. 이와 직접적인 관련은 없으나 기본적인 속도 변화와 그래프와의 관계를 묻는 쉬운 유형의 문제도 통합교과형 문항으로 좋은 소재가 될 수 있다. 우선 이 그래프가 함수가 될 수 있음을 이해하고 그래프 위의 점의 의미를 학생들에게 물을 수 있다. 따라서 이 그래프의 특징을 관찰한 후 제시된 여섯 가지 단어를 사용하여 학생들 스스로 이야기를 논리적으로 풀어나가야 한다.

4.2 대학입시 수리논술 사례

제1부 제2장에서 수리논술의 유형을 수학교과형 수리논술, 통합교과형 수리논술, 수리철학형 수리논술의 세 가지로 분류하였다. 이 중 수리철학형 수리논술 문항을 우리나라 대학입시에서 찾아보기는 쉽지 않다. 4.2절에서는 세 가지 유형의 대표적인 사례에 대하여 살펴보고자 한다.

1) 수학교과형 수리논술

논술문제

(가) 폐구간 $[a,\ b]$에서 연속인 함수 f에 대하여 수 $\frac{1}{b-a}\int_a^b f(x)dx = f(c)$를 만족하는 c가 a와 b 사이에 적어도 하나 존재한다는 사실이 잘 알려져 있다. 이를 '적분에 관한 평균값의 정리'라고 한다. 이것은 폐구간 $[a,\ b]$에서 $f(x) \geq 0$일 때, 곡선 $y=f(x)$와 x축 및 두 직선 $x=a,\ x=b$로 둘러싸인 도형의 넓이가 밑변의 길이가 $b-a$이고 높이가 $f(c)$인 직사각형의 넓이와 같다는 것을 의미한다.

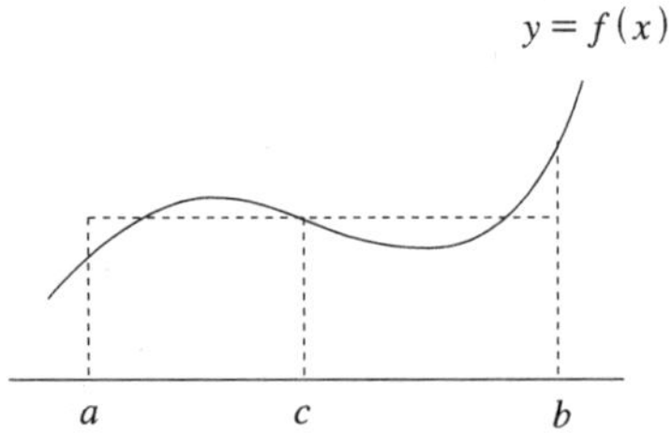

〈그림 1〉

(나) 1852년 물리학자 맥스웰은 기체분자의 속도분포 문제를 해결하였다. 맥스웰-볼츠만의 속도분포는 기체분자의 속도 v의 확률분포함수

$$P(v) = 4\pi\left(\frac{M}{2\pi RT}\right)^{\frac{3}{2}} v^2 e^{-\frac{Mv^2}{2RT}}$$

로 주어진다. 여기서 M은 몰 질량, R은 기체상수, T는 온도이다. 예를 들어 300K에서 산소분자의 속도분포는 다음과 같다.

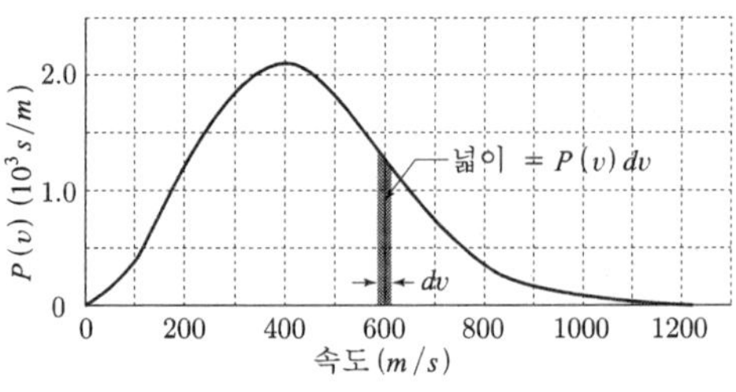

이 경우 산소분자의 속도가 $v_1 = 590\text{m/s}$와 $v_2 = 610\text{m/s}$ 사이의 값을 가질 확률을 구하기 위해서는 $\int_{v_1}^{v_2} P(v)dv$를 계산해야 하는데, 적분에 관한 평균값의 정리에 의해 이 적분값은 근사적으로 $(v_2 - v_1)P\left(\frac{v_1 + v_2}{2}\right)$와 같다.

과학의 여러 분야에서 나타나는 함수를 작은 구간에서 적분해야 할 필요가 있을 때, 이와 같이 구간 안에서 함수의 적당한 값과 구간의 길이를 곱하여 적분값의 근삿값으로 사용한다.

(다) 적분에 관한 평균값의 정리로부터 도함수 f'이 폐구간 $[a,\ b]$에서 연속이면 $\dfrac{f(b)-f(a)}{b-a}=f'(c)$를 만족하는 c가 a와 b 사이에 적어도 하나 존재한다는 '미분에 관한 평균값의 정리'를 유도할 수 있다.

곡선 $y=f(x)$ 위의 두 점 $\mathrm{A}(a,\ f(a))$와 $\mathrm{B}(b,\ f(b))$를 지나는 곡선 AB의 기울기는 $\dfrac{f(b)-f(a)}{b-a}$이고, $f'(c)$는 점 $(c,\ f(c))$에서 곡선 $y=f(x)$에 접하는 직선의 기울기이다. 따라서 미분에 관한 평균값의 정리는 곡선 $y=f(x)$의 접선 중에 직선 AB와 평행한 것이 적어도 하나 존재한다는 것을 의미한다.

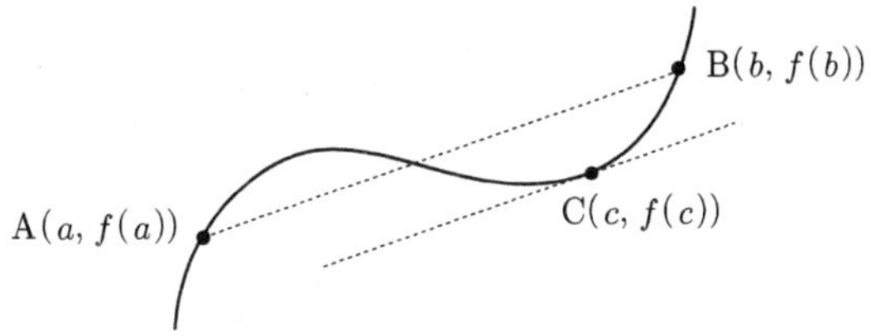

〈그림 2〉

미분에 관한 평균값의 정리는 여러 가지 부등식을 증명하거나 다양한 함수의 근삿값을 구하는 데 이용한다.

(라) 함수 f가 폐구간 $[a,\ b]$를 포함하는 개구간에서 미분가능하고 f'이 폐구간 $[a,\ b]$에서 연속일 때, 곡선 $y=f(x)$ 위의 점 $(a,\ f(a))$에서 점 $(b,\ f(b))$까지의 곡선의 길이는 $\displaystyle\int_a^b \sqrt{1+\{f'(x)\}^2}\,dx$이다.

[논제 1] 적분에 관한 평균값의 정리를 이용하여 도함수 f'이 폐구간 $[a,\ b]$에서 연속이면

$$\frac{f(b)-f(a)}{b-a}=f'(c)$$

를 만족하는 c가 a와 b 사이에 적어도 하나 존재한다는 것을 설명하시오.

[논제 2] 함수 $f(x)=x^3$에 대하여 폐구간 $[1,\ 2]$에서 논제 1의 등식을 만족하는 c의 값을 구하시오.

[논제 3] 도함수가 0인 함수에 대하여 알아보자.

[3-1] 개구간 $(a,\ b)$에 속하는 모든 x에 대하여 $f'(x)=0$이면, f는 개구간 $(a,\ b)$에서 상수함수가 됨을 설명하시오.

[3-2] 상수함수가 아닌 함수 $g(x)=\begin{cases} 1, & x>0 \\ -1, & x<0 \end{cases}$에 대하여 $g'(x)$를 구하고, 이 결과를 논제 $[3-1]$의 내용과 연관시켜 설명하시오.

[논제 4] $f(x)=(1+x)^{\frac{1}{4}}$의 근사식을 찾아보고자 한다.

[4-1] $|x|\le\dfrac{1}{2}$일 때 부등식 $|(1+x)^{1/4}-1|\le\dfrac{|x|}{2}$가 성립함을 설명하시오.

[4-2] $|x|\le\dfrac{1}{2}$일 때 부등식 $\left|(1+x)^{1/4}-\left(1+\dfrac{1}{4}x\right)\right|\le\dfrac{3}{4}x^2$이 성립함을 설명하시오.

[논제 5] 임의의 실수 t에 대하여 곡선 $y=x^3$ 위의 점 $(t,\ t^3)$에서 점 $(m(t),\ \{m(t)\}^3)$까지 곡선의 길이가 1이 되도록 $m(t)$를 정의하자(단, $0<t<m(t)$). 이렇게 정의한 $m(t)$가 t의 함수로서 미분가능하다고 할 때, $\displaystyle\lim_{t\to\infty} t^3[1-\{m'(t)\}^2]$의 값을 구하고 그 과정을 설명하시오.

'적분에 대한 평균값의 정리'는 교육과정에서 다루지 않지만 학교에서 배운 미, 적분의 개념을 통하여 제시문의 내용을 이해할 수 있어야 이 문제를 풀 수 있다.

교육과정 밖의 내용을 다룸에 있어 자세한 설명이 제시문에 주어진다면 학생들은 좀 더 쉽게 논제에 접근할 수 있을 것이다. 이 문제와 관련된 수학개념은 아래와 같다.

• **미분에 대한 평균값의 정리**

함수 $f(x)$가 $a \le x \le b$에서 연속이고, $a<x<b$에서 미분가능이면

$$\frac{f(b)-f(a)}{b-a}=f'(c)$$

를 만족하는 $c(a<c<b)$가 적어도 하나 존재한다. 이를 미분에 대한 평균값의 정리라고 한다.

• **적분에 대한 평균값의 정리**

함수 $f(x)$가 $a \le x \le b$에서 연속이면

$$\int_a^b f(x)dx=(b-a)f(c)$$

를 만족하는 $c(a<c<b)$가 적어도 하나 존재한다. 이를 적분에 대한 평균값의 정리라고 한다.

또 이 문제 상황의 풀이 단계를 아래와 같이 정리할 수 있다.

1. 적분에 관한 평균값의 정리를 변형해본다.
2. 조건을 만족하는 c의 값을 계산한다.
3. 간단하게 도함수가 0인 함수를 문제의 지문에 맞추어 생각한다.

결국 이 문제는 본격적인 제시문의 이해와 논리를 전개함에 있어 계산 능력을 알아보고 있다. 즉, 논제 1에서 논제 5까지 일관된 논리로 수학적 지식과 전개능력을 알아보고 적절한 수식의 운용능력을 표현하도록 요구하고 있다.

다음은 이 문항에 대한 예시답안이다.

예시답안

〈논제 1〉 $f'(x)$는 폐구간 $[a,\ b]$에서 연속이므로 적분의 평균값의 정리에 의하여 $\frac{1}{a-b}\int_a^b f'(x)dx = f'(c)$인 c가 a와 b 사이에 적어도 하나 존재한다.

즉, $f'(c) = \frac{1}{b-a}\int_a^b f'(x)dx = \frac{1}{b-a}[f(x)]_a^b = \frac{f(b)-f(a)}{b-a}$이므로 미분에 관한 평균값의 정리 $\frac{f(b)-f(a)}{b-a} = f'(c),\ \exists c,\ a < c < b$를 얻을 수 있다.

〈논제 2〉 $f(x) = x^3$일 때, $[1,\ 2]$에서 평균변화율을 구하면 $\frac{2^3-1^3}{2-1} = 7$이다. 또한 $f'(x) = 3x^2$이므로 평균값의 정리를 만족하는 상수를 c라 하면 $3c^2 = 7$이고 $1 < c < 2$이므로 $c = \frac{\sqrt{21}}{3}$이다.

〈논제 3-1〉 $f(x)$는 개구간 $(a,\ b)$에 속하는 모든 실수 x에 대하여 연속이고 $f'(x) = 0$일 때 $f(x)$가 상수함수가 됨을 보이자. $a < c < x < b$인 임의의 c와 x에 대하여 개구간 $(a,\ b)$에서 항상 연속이고 미분가능이므로 평균값정리를 만족하는 상수 d가 c와 x사이에 존재하여 $f(x) - f(c) = (x-c)f'(d)$이 된다. 그런데 $(a,\ b)$에 속하는 모든 실수 x에 대하여 $f'(x) = 0$이고 $f(x) - f(c) = (x-c)\cdot 0 = 0$이므로 $f(x) = f(c)$이다. 따라서 함수 $f(x)$는 개구간 $(a,\ b)$에서 상수함수이다.

〈논제 3-2〉 $g(x) = \begin{cases} 1 &, x > 0 \\ -1 &, x < 0 \end{cases}$이면 $g'(x)$는 $x \neq 0$일 때 $g'(x) = 0$이다. 그러나 $g'(x) = 0$이지만 $g(x)$는 상수함수가 아니다. $g(x)$는 $x = 0$에서 불연속이다.

즉, $g(x)$가 주어진 정의역에서 연속이고 미분가능 할 때, $g'(x) = 0$은 $g(x)$가 상수함수일 필요충분조건이 되지만 불연속이면 $g'(x) = 0$이라 하더라도 $g(x)$는 상수함수가 아니다.

〈논제 4-1〉 $f(x) = (1+x)^{\frac{1}{4}}$라 하자. $|x| \leq \frac{1}{2}$인 x에 대하여 평균값정리로부터 $f(x) - f(0) = (x-0)\cdot f'(c)$ … ㉠인 c가 0과 x 사이에 존재한다. 또

한 $f'(x)=\frac{1}{4}(1+x)^{-\frac{3}{4}}$, $f''(x)=\left(-\frac{3}{4}\right)\cdot\left(\frac{1}{4}\right)(1+x)^{-\frac{7}{4}}$이고 $|x|\le\frac{1}{2}$인 모든 x에 대하여 $f'(x)>0$이다. 그런데 $|x|\le\frac{1}{2}$에서 $f''(x)<0$이므로 $f'(x)$는 감소함수이고 $x=-\frac{1}{2}$에서 최댓값

$$f'\left(-\frac{1}{2}\right)=\frac{1}{4}\left(1-\frac{1}{2}\right)^{-\frac{3}{4}}=\frac{1}{4}2^{\frac{3}{4}}<\frac{1}{4}\cdot 2^1=\frac{1}{2}$$

을 갖는다. 따라서 $|x|\le\frac{1}{2}$인 x에 대하여 $0<f'(x)\le\frac{1}{2}$이 성립되고 ㉠으로부터

$$|f(x)-f(0)|=|(x-0)\cdot f'(c)|=|x|\cdot|f'(c)|\le\frac{1}{2}|x|$$

$$\Rightarrow |f(x)-f(0)|\le\frac{1}{2}|x| \Rightarrow |(1+x)^{\frac{1}{4}}-1|\le\frac{1}{2}|x|\text{이다.}$$

(단, $x=0$에서 등호 성립)

〈논제 4-2〉 n차 미분 가능한 함수 $f(x)$를 생각하자. 평균값정리로부터 $0<\theta_1<1$인 θ_1에 대하여 $f(x)-f(0)=(x-0)\cdot f'(\theta_1 x)$이고 같은 방법으로 $0<\theta_2<1$인 θ_2에 대하여 $f'(\theta_1 x)-f'(0)=(\theta_1 x-0)\cdot f''(\theta_2\theta_1 x)$이다.

따라서 위 결과로부터

$$\begin{aligned}f(x)&=f(0)+x\cdot f'(\theta_1 x)\\&=f(0)+x\cdot(f'(0)+\theta_1\cdot x\cdot f''(\theta_2\theta_1 x))\\&=f(0)+f'(0)\cdot x+\theta_1 f''(\theta_2\theta_1 x)\cdot x^2\end{aligned}$$

$$\Rightarrow f(x)-(f(0)+f'(0)\cdot x)=\theta_1 f''(\theta_2\theta_1 x)\cdot x^2$$

$$\Rightarrow |f(x)-(f(0)+f'(0)\cdot x)|=\theta_1|f''(\theta_2\theta_1 x)|\cdot x^2 \quad\cdots\text{ ㉠}$$

그러면 $f(x)=(1+x)^{\frac{1}{4}}$라 두면 $f'''(x)=\left(-\frac{7}{4}\right)\cdot\left(-\frac{3}{4}\right)\cdot\left(\frac{1}{4}\right)(1+x)^{-\frac{11}{4}}$이고 $|x|\le\frac{1}{2}$인 x에 대하여 $f'''(x)>0$이므로 $f''(x)$는 증가함수이다. 그런데 $|x|\le\frac{1}{2}$인 x에 대하여 $f''(x)<0$이므로 $x=-\frac{1}{2}$에서 최솟값

$$f''\left(-\frac{1}{2}\right)=\left(-\frac{3}{4}\right)\cdot\left(\frac{1}{4}\right)\cdot\left(1-\frac{1}{2}\right)^{-\frac{7}{4}}$$

$$= \left(-\frac{3}{4}\right)\cdot\left(\frac{1}{4}\right)\cdot 2^{\frac{7}{4}} > \left(-\frac{3}{4}\right)\cdot\left(\frac{1}{4}\right)\cdot 2^{2} = -\frac{3}{4}$$

을 갖는다. 즉, $-\frac{3}{4} \le f''(x) < 0$이고 $|f''(x)| \le \frac{3}{4}$이다.

또한 $f(0)=1$, $f'(0)=\frac{1}{4}$이고 위 ㉠으로부터 $|x| \le \frac{1}{2}$인 모든 x에 대하여

$$\begin{aligned} |f(x)-(f(0)+f'(0)\cdot x)| &= \theta_1 |f''(\theta_2\theta_1 x)|\cdot x^2 \\ &\le |f''(\theta_2\theta_1 x)|\cdot|x^2| \quad (\text{단, } 0<\theta_1\theta_2 x<\theta_1 x<x) \\ &\le \frac{3}{4}x^2 \end{aligned}$$

따라서 $\left|(1+x)^{\frac{1}{4}} - \left(1+\frac{1}{4}x\right)\right| \le \frac{3}{4}x^2$이 성립한다. (단, $x=0$에서 등호 성립)

〈논제 5〉 $y=x^3$이고 $P(t,\ t^3)$, $Q(m(t),\ m(t)^3)$일 때, $y'=3x^2$이다.

곡선 PQ의 길이가 1이므로

$$1 = \int_t^{m(t)} \sqrt{1+(y')^2}\,dx = \int_t^{m(t)} \sqrt{1+9x^4}\,dx \quad \cdots ㉠$$

㉠의 양변을 t에 관하여 미분하면 $0 = m'(t)\sqrt{1+9m(t)^4} - \sqrt{1+9t^4}$이고 즉,

$$\{m'(t)\}^2 = \frac{1+9t^4}{1+9m(t)^4} \quad \cdots ㉡$$

다시 ㉠의 우변은 적분의 평균값정리로부터

$$1 = (m(t)-t)\cdot\sqrt{1+9\cdot\left(\frac{m(t)+t}{2}\right)^4}$$

$$\Rightarrow m(t)-t = \frac{1}{\sqrt{1+9\cdot\left(\frac{m(t)+t}{2}\right)^4}} \quad \cdots ㉢$$

또한 $0<t<m(t)$이므로 $t\to\infty$일 때 $m(t)\to\infty$이다. $m(t)-t=\Delta t$라 두면

$$\lim_{t\to\infty}\Delta t=\lim_{t\to\infty}(m(t)-t)=\lim_{t\to\infty}\frac{1}{\sqrt{1+9\cdot\left(\frac{m(t)+t}{2}\right)^4}}=0$$

이다.

즉, $t\to\infty$일 때 $\Delta t\to 0$이고 $\lim_{t\to\infty}\frac{m(t)}{t}=\lim_{t\to\infty}\frac{\Delta t+t}{t}=\lim_{t\to\infty}\left(1+\frac{\Delta t}{t}\right)=1$ 이다.

$$\text{따라서 } \lim_{t\to\infty}\frac{m(t)}{t}=1 \ \cdots \ ㉣$$

이상과 같이 ㉡, ㉢, ㉣로부터

$$\begin{aligned}
\lim_{t\to\infty}t^3(1-\{m'(t)\}^2)&=\lim_{t\to\infty}t^3\left(1-\frac{1+9t^4}{1+9m(t)^4}\right)\\
&=\lim_{t\to\infty}9t^3\frac{m(t)^4-t^4}{1+9m(t)^4}\\
&=\lim_{t\to\infty}9t^3\frac{(m(t)+t)(m(t)^2+t^2)}{1+9m(t)^4}\cdot(m(t)-t)\\
&=\lim_{t\to\infty}9t^3\frac{(m(t)+t)(m(t)^2+t^2)}{1+9m(t)^4}\cdot\frac{1}{\sqrt{1+9\cdot\left(\frac{m(t)+t}{2}\right)^4}}\\
&=\lim_{t\to\infty}9\frac{\left(\frac{m(t)}{t}+1\right)\left(\frac{m(t)^2}{t^2}+1\right)}{\frac{1}{t^4}+9\frac{m(t)}{t^4}}\cdot\frac{1}{\sqrt{\frac{1}{t^4}+9\cdot\left(\frac{\frac{m(t)}{t}+1}{2}\right)^4}}\\
&=\frac{4}{3}
\end{aligned}$$

2) 통합교과형 수리논술

다음은 통합교과형 수리논술 문항의 예[15)]이다.

논술문제

(가) 전 우주를 하나의 큰 계로 볼 때 우주는 한 가지 중요한 법칙을 지키며 시간에 따라 변해 간다. 즉 온 우주 전체의 질서가 시간이 지남에 따라 깨어지므로, 무질서도가 증가하는 방향으로 진행되어 가며 나이를 먹어간다. 이 법칙을 열역학 제2법칙이라 부른다. 열역학 제2법칙은 계의 크기와는 관계없이 외부와 완전히 차단된 고립된 어떤 계에서도 성립하는 법칙이다. 즉 외부와 완전히 차단된 계의 무질서도는 항상 증가하는 방향으로 변화해간다. 열/통계물리학에서는 이러한 무질서의 정도를 나타내는 양으로 엔트로피를 사용한다.

오스트리아 물리학자 볼츠만(Boltzmann)은 엔트로피 S를 $S = k_B \log W$로 통계적으로 정의하였다. 여기서 k_B는 볼츠만 상수이며, W는 계의 내부에너지 변화없이 계를 배열시킬 수 있는 방법의 수 또는 통계적으로 경우의 수이다. 따라서 W가 클수록, 무질서도인 엔트로피가 커진다.

열역학 제2법칙의 간단한 예를 들면 한 방안에서 향수병의 뚜껑을 열면 병으로부터 나온 향수분자가 방 전체로 퍼져가는 것을 알 수 있다. 그러나 그 퍼져간 향수분자가 다시 향수병 안으로 모이는 현상은 있을 수 없다. 또 물속에 떨어진 잉크방울이 시간이 지남에 따라 물 전체로 확산해 가는 것을 볼 수 있다. 그러나 그 잉크입자들이 다시 한 방울로 모이는 현상 또한 있을 수 없다.

위의 두 예를 이해하기 위해 다음 그림과 같이 두 개의 방으로 이루어진 간단한 모델을 생각해 보자.

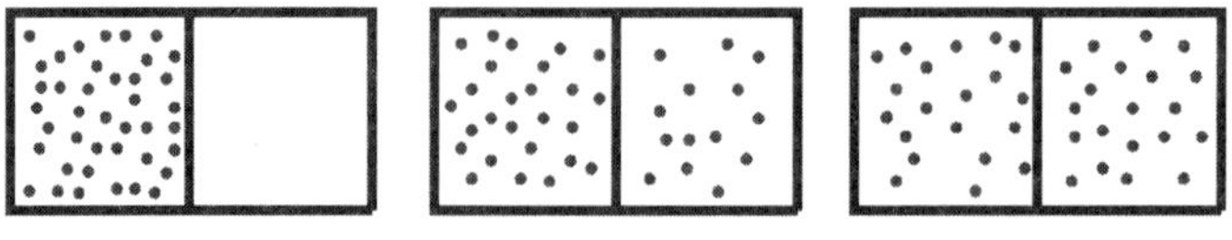

(상태 A) (상태 B) (상태 C)

15) 부산대학교, 2009

두 개의 방이 단열칸막이로 나누어져 있으며 이 두 방은 외부와 완전히 고립되어있다고 가정하자. 칸막이를 열기 전에 한 방에는 N개의 기체분자가 있고 다른 한 방은 비어 있다(상태 A). 칸막이를 열었다 닫았다 하면서 칸막이를 닫았을 때의 각 방의 기체분자의 수를 조사하면 기체분자의 시간에 따른 분포를 볼 수 있다. 오랜 시간을 지나면 기체분자가 두 방에 골고루 퍼지므로 이때 칸막이를 닫으면 기체분자는 각 방에 같은 수(즉 $N/2$)로 나누어질 것이다(상태 C). 칸막이 열기 전(상태 A)에서 마지막 상태(상태 C)로 진행되어 감에 따라 각 상태에서 기체분자들이 두 방에 배열될 수 있는 경우의 수는 변해 갈 것이다. 여기서 상태 B는 상태 A에서 상태 C로 변해 가는 상태 중의 하나이다.

(나) 아래 그림처럼 인간을 포함한 동식물의 모든 생명체는 질서 정연한 각각의 형태를 유지함으로써 아름다운 자연 생태계를 유지한다. 각 생물체는 시간이 지남에 따라 그 형태는 조금씩 변형되어 가나 그 형태질서는 생명이 다하는 시간까지 지속된다. 그러나 생명이 끝남과 동시에 급속도로 그 형태질서가 파괴되어 가는 것을 알 수 있다. 또한 인류 문명은 정교하며 잘 정돈된 건축물을 건설함으로 편리하면서 경관이 좋은 생활환경을 만들어 간다(아래의 그림 참조). 그러나 버려진 고대문명의 유적지를 살펴보면 그 형태를 거의 알아 볼 수 없을 정도로 파괴되어 폐허가 된 것을 볼 수 있다.

(http://www.butterflyoccasins.com과 http://i.pbase.com에서 취하였음)

이러한 지구상에서 일어나는 인류 문명과 생명 현상을 포함한 자연현상들 또한 열역학 제2법칙을 따른다.

[1] 제시문 (가)에서의 간단한 모델에서 두 방으로 이루어진 계의 경우의 수가 시간이 지남에 따라 어떻게 변화해 가는지 기술하시오. 즉 상태 A에서 상태 C로 변해가는 동안 기체분자들이 두 방에 배열될 수 있는 경우의 수의 변화를 기술하시오.

[2] 1번의 결과를 이용하여 향수분자나 잉크분자의 확산은 열역학 제2법칙을 따름을 설명하시오.

위 문항은 현실적으로 일어나는 물리적인 현상을 가지고 수학적인 지식으로 그 현상을 해석하는 능력을 알아보는 통합교과형 수리논술 문항이다. 제시문 (가)에서는 열역학 제2법칙을 설명하여 분자의 운동의 이해를 돕고 있고 제시문 (나)에서는 이를 부연하여 우리의 생활 속에서 자연적으로 일어나는 열역학 제2법칙의 예를 보여주고 있다. 글쓰기를 위해서는 고등학교에서 배우는 이항정리, 이항분포, 표준정규분포를 이용하여 볼츠만의 공식을 해석하여야 하며 이를 이용하여 조합(combination)의 수를 정확히 계산하여, 시간이 지남에 따라 엔트로피가 증가함을 보여주어야 한다. 그러나 조합의 수를 계산함에 있어 상당히 많은 시간이 소요될 수 있다. 따라서 주어진 시간 내에서 학생들이 논지를 파악하고 계산하고 결론을 내림에 있어 적절한 시간의 배분이 필요하다.

예시답안[16]

1

□ 시간에 따라 분자의 수가 어떻게 변하는지를 조합의 수를 이용하여 그 변화를 알아보자. 아래와 같이 서술할 수 있다.

■ 여기서의 각 상태에서의 경우의 수는 N의 동일한 기체분자를 순서에 상관없이 두 개의 방에 넣는 조합의 가지 수와 같다.

처음 칸막이를 열기 전 (상태 A): 경우의 수 $= {}_N\mathrm{C}_N = \dfrac{N!}{N!0!} = 1$

16) 부산대학교, 2009

시간에 따라 변하는 경우의 수:

$$
\begin{aligned}
{}_N\mathrm{C}_{N-1} &= \frac{N!}{(N-1)!\,1!} = N \\
{}_N\mathrm{C}_{N-2} &= \frac{N!}{(N-2)!\,2!} = \frac{N(N-1)}{2} \\
{}_N\mathrm{C}_{N-3} &= \frac{N!}{(N-3)!\,3!} = \frac{N(N-1)(N-2)}{6} \\
&\cdots
\end{aligned}
$$

오랜 시간이 지난 뒤 경우의 수 (상태 C): ${}_N\mathrm{C}_{N/2} = \frac{N!}{(N/2)!(N/2)!}$

■ N은 큰 수이므로 시간이 증가함에 따라 경우의 수가 증가함을 알 수 있다. 그리고 이 경우의 수는 이항정리의 계수 항임을 알 수 있으며 더 나아가 기체분자가 각 방에 있을 확률이 1/2이므로 $p = 1/2$인 이항분포로도 기술할 수 있다. 기체분자의 개수가 많으면 그 이항분포는 표준 정규분포로 근사할 수 있음을 알 수 있으며, 오랜 시간이 지난 후 기체분자가 골고루 확산되었을 때 가장 확률이 높음을 알 수 있다.

2

□ 지문에 나온 볼츠만의 공식을 이용하여 엔트로피를 구하면 아래와 같다.

■ 볼츠만의 공식을 이용하면 엔트로피를 구할 수 있다.

볼츠만의 공식: $S = k_B \log W$에서 W가 경우의 수이므로 1번의 결과를 이용하고 k_B는 일정한 상수이므로,

처음 칸막이를 열기 전 엔트로피 (상태 A): $S_0 = k_B \log(1) = 0$

시간에 따라 변하는 엔트로피: $S_1 = k_B \log N$

$$
\begin{aligned}
S_2 &= k_B \log\left[\frac{N(N-1)}{2}\right] = k_B[\log N + \log(N-1) - \log 2] \\
S_3 &= k_B[\log N + \log(N-1) + \log(N-2) - \log 6] \\
&\cdots
\end{aligned}
$$

오랜 시간이 지난 뒤 엔트로피 (상태 C):

$$S_{N/2} = k_B\left[\log(N!) - 2\log\left(\frac{N!}{2}\right)\right]$$

■ 시간이 지남에 따라 엔트로피도 증가함을 알 수 있다. 이 결과는 같은 개수의 기체분자들은 더 넓은 공간에 골고루 퍼지려는 경향이 있으며 더 넓게 퍼질수록 더 큰 엔트로피를 가짐을 보여준다. 그래서 기체분자는 가능한 모든 공간을 활용하려고 하는 것은 엔트로피가 증가하는 방향이다. 그러나 기체분자가 다시 작은 공간으로 모여드는 것은 엔트로피가 줄어드는 방향임으로 열역학 제2법칙에 의해서 가능하지 않다.

3) 수리철학형 수리논술

수리철학에서 다루는 가장 전형적인 토픽은 수학지식 자체의 본성에 관해 묻는 것이다. 이를테면 칸트(I. Kant)는 '수학적 지식은 선천적 종합지식이다!'라고 선언한 바 있음을 밝혀주면서, 그에 대한 동의를 하는지 반대를 하는지 근거를 제시하며 논술하도록 하는 것은 수리철학형 수리논술의 좋은 예가 될 것이다.

수리철학형 수리논술 문항은 우리나라 대학입시에서는 찾아보기 힘들다. 다음 논술문제는 수리철학형 수리논술 문제의 한 예로 이 책에서 제시한 것이다.

논술문제

다음 제시문 (가), (나)를 읽고 물음에 답하시오.

(가) 칸토어(Cantor) 이전에는 무한집합의 개수를 구별하지 못했고, 실제적 무한 또는 완성된 무한의 개념을 받아들이지 못하였다, 그러나 칸토어(Cantor) 이후에는 무한에 관한 새로운 탐구 즉, 무한에 대한 의미부여가 이루어졌다. 중학교 1학년 교과서에서의 집합의 정의는 '어떤 조건에 의하여 그 대상을 분명히 알 수 있는 것들의 모임을 집합이라고 하고, 그 집합을 이루는 대상 하나하나를 그 집합의 원소라고 한다.'라고 되어 있다. 그러나 칸토어(Georg Cantor: 1845-1918)는 '우리의 직관 또는 사고의 대상으로서, 전체 범위가 확정되어 있고 원소들끼리 서로 명확히 구별되는 것들의 모임을 집합이라고 한다.'라 하였다.

(나) 힐베르트 호텔(Hilbert's Hotel)은 수학 비전문가에게 무한집합이 유한집합과는 본질적으로 다른 성질을 갖는나는 것을 이해시키기 위해 힐베르트가 제시한 일종의 '역설 같은' 예이다.

어느 날 종업원이 조사해보니, 방이 무한개인 힐베르트 호텔에 빈방이 없다는 사실을 알았다. 그런데 그날 밤에 갑자기 새로운 5명의 손님이 찾아와서 투숙할 빈방이 있는지를 물었다. 주인은 뭐라고 대답 했을까?

<u>대답 - 빈방 있습니다. (why?)</u>

어떻게 그럴 수 있을까? 방법은 다음과 같다.

1호실 손님은 6호실로, 2호실 손님은 7호실로, 3호실 손님은 8호실로 …

이렇게 모두 다음 방으로 옮겨가면 1호실에서 5호실까지 방이 비게 되고, 새로운 손님은 한 사람씩 차례로 1호실, 2호실, 3호실, 4호실, 5호실에 묵으면 된다.

조금 후에 지금 투숙해 있는 수와 똑같은 무수히 많은 사람(infinite number of persons)이 찾아와서 빈방이 있는지를 물었다. 주인은 뭐라고 대답했을까?

<u>대답 - 빈방 있습니다. (why?)</u>

호텔의 종업원은 머리를 짜내어 현재 방에 묵고 있는 모든 손님들에게 자기가 묵고 있는 방 호수의 2배가 되는 호수의 방으로 이동해 달라고 부탁했다.

그리고 새로 온 무한명의 손님들을 차례로 1, 3, 5, 7, 9, …의 모두 홀수 번호의 방에 묵도록 하였다.

(가), (나)를 읽고 다음의 질문에 자기의 생각을 논술하시오.

'자연수나 정수의 개수는 무한이다. 그러나 정수의 집합은 자연수의 집합을 포함한다. 그렇다면 무한집합이 무한집합을 포함할 수 있는가?'

수리철학형 수리논술은 같은 주제의 문제라도 개인의 수리철학적 견해에 따라서 논술 내용이 다를 수 있다. 수리철학형 수리논술 지도에서 중요한 관건은, 제시된 문제에 비록 익숙하지 않은 학생이라도 평소의 자기 사유의 폭과 깊이를 드러내는 일이 가능하도록 적절한 예시와 충분한 설명을 하여야 한다. 그럼으로써 학생들이 답해야 하는 논점을 명확히 이해한 상태에서 자신의 고유 견해를 표현하게 지도해야 한다.

위의 문제에 대한 답안은 자연수 1을 정수 0에, 자연수 2를 정수 -1에, 자연수 3을 정수 1에, …과 같은 방법으로 대응시켜 설명하는 방향으로 작성할 수 있다.

다음은 이 논제를 작성하기 위한 어느 학생의 계획이다.

■ 문제의 이해

무한집합이 무한집합을 포함할 수 있는가? 혹은 둘은 개수가 같은 무한집합인가?

■ 문제의 글쓰기 계획

〈서론〉

1. 주제설명

자연수의 개수와 정수의 개수는 모두 무한이고 정수의 집합이 자연수의 집합을 포함한다. 이때 무한집합이 무한집합을 포함할 수 있는지, 혹은 둘은 같은 무한집합인지를 설명한다.

2. 주제에 접근하기 위한 조건 제시

① 자연수와 정수의 개수로 무한집합이 무한집합을 포함할 수 있음을 설명한다.

② 자연수와 정수의 개수를 비교해야 하므로 대응관계를 이용한다.

〈본론〉

① 주제 논의에 대한 조건제시 및 주장에 대한 근거 제시 - 자연수 1을 정수 0에, 자연수 2를 정수 -1에, 자연수 3을 정수 1에……
즉, $1\to0$, $2n\to-n$, $2n+1\to n$ ($n\in N$: 자연수)인 대응을 이용하여 설명한다.

② 우리가 배운 수 체계에서는 자연수⊂정수⊂유리수⊂실수이다.

③ 무한집합이 무한집합을 포함하는 경우를 탐색한다.

〈결론〉

1. 무한집합이 무한집합을 포함하는 것은 가능하다.
2. 자연수의 집합과 정수의 집합은 적당한 대응을 이용하면 일대일 대응을 시킬 수 있으므로 자연수의 집합과 정수의 집합은 개수가 같은 무한이다.

다음은 위의 글쓰기 계획에 따라 작성한 학생의 예시 답안이다.

□ 집합의 관계로 볼때 자연수는 정수에 포함된다. 그렇다면 무한이 무한을 포함할수 있을까? 또 자연수와 정수는 개수가 같은 무한일까?

■ 먼저 자연수와 정수의 개수를 비교해보자.
자연수의 개수와 정수의 개수는 무한이므로 적당한 대응을 이용하여 개수 비교를 할수 있다.
자연수 1은 정수 0에, 자연수 2는 정수 −1에, 자연수 3은 정수 1에, 자연수 4는 정수 −2에, 자연수 5는 정수 2에. … 이런 방법으로 대응시켜 보자.
즉, 자연수 1은 정수 0에, 자연수 1을 제외한 홀수 자연수 n은 $(n-1)/2$ 에, 짝수 자연수 n은 $-n/2$ 에 대응시켜 보면 이 대응은 일대일 대응이 된다.
(증명은 생략하기로 한다)
그러므로 자연수와 정수는 개수가 같은 무한이다.

그렇다면 과연 무한은 무한을 포함할 수 있을까?
집합적으로 봤을때 '자연수 ⊂ 정수 ⊂ 유리수 ⊆ 실수' 의 포함관계가 성립한다.
하지만 자연수 · 정수 · 유리수 집합의 기수는 모두 같다
(기수 : 집합의 원소의 개수)
즉, 자연수, 정수, 유리수는 개수가 같은 무한이므로 포함관계가 성립하지 않는다.
그러나 실수의 경우에는 칸토르의 대각선 논법에 의해 실수집합의 기수가 자연수 집합의 기수보다 더 크다는 사실을 알수 있다.
다시 말해, 자연수 집합의 기수도 무한이지만, 이 무한보다 더 큰 무한이 존재한다.
또 멱집합의 기수는 실수 집합의 기수보다 더 크다.
(멱집합 : A에 대하여 A의 모든 부분집합을 원소로 갖는 집합)

■ 즉, 자연수 집합의 기수보다 실수 집합의 기수가 더 크고, 실수집합의 기수보다 멱집합의 기수가 더 크다는 사실을 알수 있다.
그러므로 무한이 무한을 포함할수 있다.

4.3 그 외 수리논술 사례

1) 통계활용대회

다음은 전국 중학생 통계활용대회의 주관식 문항 중 하나[17)]이다.

논술문제

한 스포츠클럽에서는 기초체력이 가장 우수하다고 볼 수 있는 두 명의 회원을 선발하고자 한다. 추천받은 회원 10명을 대상으로 아래의 3종목에 대하여 기초체력테스트를 실시하였는데, 그 결과는 다음 표와 같다.

회원번호 \ 종목	1500m 달리기	팔굽혀 펴기(2분간)	제자리 멀리뛰기
1	5분 50초	65회	249cm
2	6분 08초	59회	251cm
3	5분 50초	58회	252cm
4	6분 02초	55회	255cm
5	6분 12초	48회	247cm
6	5분 25초	62회	260cm
7	5분 58초	45회	249cm
8	6분 22초	51회	238cm
9	8분 43초	45회	245cm
10	5분 38초	72회	249cm

(1) 각 종목별로 자료의 특징을 잘 나타낼 수 있는 도표를 각각 그리고 그 특성을 설명하시오. (배점 10점)

(2) 각 종목별로 측정값들의 순위를 정하시오. 이때 본인이 사용한 동점처리 기준에 대하여 자세히 설명하시오. (배점 10점)

(3) 위의 세 종목 중에서 기초체력을 가장 잘 대표한다고 생각되는 종목을 스포츠클럽회원 전체를 대상으로 조사하여 다음과 같은 결과를 얻었다.

17) 통계청(http://kostat.go.kr/)

(단위: %)

종목	1500m 달리기	팔굽혀펴기	제자리 멀리뛰기	전체
응답자 비율	50.0	25.0	25.0	100.0

위 두 가지 결과를 종합하여, 10명의 회원 중 기초체력이 가장 우수한 두 회원을 선발하고 그 이유를 설명하시오. (배점 10점)

수리논술의 최근 입시에서 두드러진 특징 중 하나는 통계자료의 활용이다. 실생활과 관련된 수학적 지식의 활용은 수리논술의 목적 중 하나이다. 따라서 비교적 쉬우면서도 통계자료를 이해하고 활용한다는 측면과 이산수학에서의 간단한 의사결정이론을 묻는다는 점에서 이 문항은 좋은 문항으로 평가할 수 있다.

예시답안 18)

(1)

□ 1500m 달리기와 팔굽혀펴기의 기록과 제자리 멀리뛰기의 기록을 일직선위에 표시하는 것이 그것들의 특징을 가장 잘 표현한다고 생각된다.

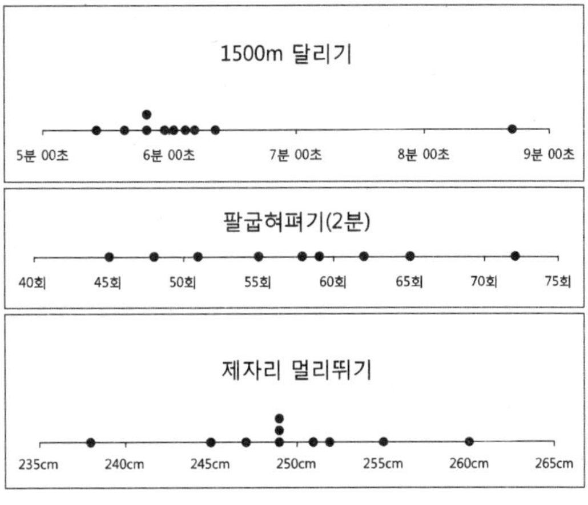

■ 따라서 각각 표현해 보면 1500m 달리기에서는 다른 참가회원들과는 달리 특이하게 느린 기록(8분 43초)을 보이는 한 회원이 존재함을 볼 수 있다. 이를 제외한 나머지 9명의 기록들은 약 5분 55초 정도를 중심으로 대략 ±30초 이내에 분포하고 있다.

18) 통계청(http://kostat.go.kr/)

팔굽혀펴기의 기록에는 특이한 값이라고 볼 수 있는 것은 없으며, 1500m 달리기와 제자리 멀리뛰기의 기록들과는 달리 가운데 값에 집중되는 현상이 보이지 않는다.

제자리 멀리뛰기의 기록은 대략 249cm를 중심으로 거의 좌우대칭형으로 분포하고 있다. 1500m 달리기(특이값 1개를 제외하면) 기록과 마찬가지로 가운데 집중형의 분포양상을 띠고 있다.

■ 결과 1500m 달리기는 몰려 있고 팔굽혀 펴기의 기록은 고른 분포를 보이고 제자리 멀리뛰기는 대칭형의 분포를 보여준다.

(2)

□ 우선, 1500m 달리기와 팔굽혀 펴기의 기록과 제자리 멀리뛰기의 기록을 순위를 정하기 위해서 표를 작성해 본다.

종목 / 회원번호	1500m 달리기	팔굽혀펴기 (2분)	제자리 멀리뛰기
1	3.5	2.0	6.0
2	7.0	4.0	4.0
3	3.5	5.0	3.0
4	6.0	6.0	2.0
5	8.0	8.0	8.0
6	1.0	3.0	1.0
7	5.0	9.5	6.0
8	9.0	7.0	10.0
9	10.0	9.5	9.0
10	2.0	1.0	6.0

■ 1500m 달리기는 빠를수록 기초체력이 우수한 것으로, 그러나 팔굽혀 펴기는 횟수는 많을수록, 제자리 멀리뛰기도 멀수록 기초체력이 우수한 것으로 보아야 한다. 따라서 종목별 순위를 매김에 있어 1500m 달리기는 오름차순, 팔굽혀 펴기와 제자리 멀리뛰기는 내림차순을 적용하였다. 오른쪽 표는 기록이 같은 경우 평균 순위를 적용한 결과이다. (동점처리기준)

■ 동점자 때문에 순위가 자연수가 아닌 소수점이 쓰여졌다.

(3)

□ 문제에서 주어진 정보에 의하면 기초체력에 대한 각 종목들의 중요도는 2:1:1로 볼 수 있다. 이 중요도는 가중치(weight)로 표현가능하다.

■ 따라서 가중치를 고려한 순위의 합은 2×(1500m달리기의 순위)+(팔굽혀

펴기의 순위)+(제자리 멀리 뛰기의 순위)로 표와 같이 구할 수 있으며

■ 그에 따라 6번, 10번 회원이 기초체력이 가장 우수한 두 회원이라고 볼 수 있을 것이다.

회원번호 \ 종목	1500m 달리기	팔굽혀펴기 (2분)	제자리 멀리뛰기	가중 순위합
1	3.5	2.0	6.0	15.0
2	7.0	4.0	4.0	22.0
3	3.5	5.0	3.0	15.0
4	6.0	6.0	2.0	20.0
5	8.0	8.0	8.0	32.0
6	1.0	3.0	1.0	6.0
7	5.0	9.5	6.0	25.5
8	9.0	7.0	10.0	35.0
9	10.0	9.5	9.0	38.5
10	2.0	1.0	6.0	11.0

2) 경제수학

2015 개정 교육과정 고교선택과목에 경제수학이 추가된다. 이 과목을 통해 학생들은 경제 관련 개념에 수학의 논리가 필요함을 알게 되고 수학의 유용성을 배우게 된다. 가격, 소득, 이자율, 환율, 주가 등과 같은 변수 개념과 가처분 소득과 소비의 관계인 소비 함수, 가격과 이윤의 관계인 이윤 함수 등 함수 개념, 방정식 등을 통해 실생활과 관련된 경제에 응용 가능한 수학 원리를 배우게 된다.

다음은 어느 고등학교 2학년 수학 교과서에 제시된 수리논술 관련 문항과 그 예시답안이다.

논술문제19)

국세청에서는 근로 소득세 산정의 기준이 되는 과세 표준 금액이 많은 사람에게 더 많은 세금이 부과되도록 하기 위해 그 금액에 따라 소득세율을 다르게 적용한다. 아래는 2007년도분 근로 소득세율표이다. 다음 물음에 답하시오.

과세 표준 금액	소득세율	세금 감면액
1000만 원 이하	8%	없음
1000만 원 초과~4000만 원 이하	17%	90만 원
4000만 원 초과~8000만 원 이하	26%	a만 원
8000만 원 초과	35%	b만 원

(출처: 국세청)

19) 류희찬 외(2009), 고등학교 미적분과 통계 기본, (주)미래엔

과세 표준 금액을 x만 원, 과세 표준 금액에 소득세율을 곱한 값을 $f(x)$만 원, 납부해야 할 근로 소득세를 $g(x)$만 원이라고 할 때, 국세청에서는 주어진 표의 세금 감면액만큼 세금을 감하여 $x \geq 0$에서 함수 $g(x)$가 연속이 되도록 소득세를 산정한다고 한다. 이때, 세금감면액 a, b의 값을 어떻게 정해야 하는지 논리적으로 설명하시오.

예시답안

□ 주어진 표의 세금 감면액만큼 세금을 감하여 $x \geq 0$에서 함수 $g(x)$가 연속이 되도록 하려면 표를 이용하여 함수 $f(x)$와 함수 $g(x)$를 식으로 나타내 보아야 한다.

■ 과세 표준 금액에 소득세율을 곱한 값 $f(x)$(만 원)는

$$f(x)=\begin{cases}0.08x & (x \leq 1000)\\ 0.17x & (1000 < x \leq 4000)\\ 0.26x & (4000 < x \leq 8000)\\ 0.35x & (x > 8000)\end{cases}\text{이다.}$$

납부해야 할 근로 소득세 $g(x)$(만 원)는

$$g(x)=\begin{cases}0.08x & (x \leq 1000)\\ 0.17x-90 & (1000 < x \leq 4000)\\ 0.26x-a & (4000 < x \leq 8000)\\ 0.35x-b & (x > 8000)\end{cases}\text{이다.}$$

이때, 함수 $g(x)$는 $x=4000$, $x=8000$에서 연속이므로

$$\lim_{x \to 4000+0} g(x) = \lim_{x \to 4000-0} g(x) = g(4000)$$
$$\lim_{x \to 8000+0} g(x) = \lim_{x \to 8000-0} g(x) = g(8000)$$

이 성립한다.

즉, $1040-a=680-90$, $2800-b=2080-a$

$\therefore$ $a=450$(만 원), $b=1170$(만 원)

■ 따라서 과세 표준 금액이 많은 사람에게 더 많은 세금이 부과되도록 하고, 주어진 표의 세금 감면액만큼 세금을 감하여 납부해야 할 근로 소득세 $g(x)$가 연속이 되도록 소득세를 산정하려면 세금감면액 a는 450(만 원), b는 1170(만 원)으로 정하면 된다.

함수의 연속은 고등학교 2학년 함수의 극한 단원에서 다루어진다. 함수의 극한이 함수의 연속과 관련하여 국세청에서 소득세율을 정하는 데 적용되는 실생활 사례는 통합교과형 문항으로 좋은 소재가 될 수 있다. 연속함수의 뜻을 이해하고 그래프와 관련지어 학생들 스스로 논리적으로 풀어나가야 한다.

3) 수학 독후감

많은 학교에서 수학 관련 도서를 읽고 독후감을 쓰도록 하고 있다. 수학 관련 도서는 수학적 지식의 발전, 수학의 활용, 수학 학습의 동기 유발 등의 측면에서 자연스럽게 수학 학습을 돕고 있다. 또한 이를 정리하여 글로 남긴다는 것은 크게 보아 수리논술의 한 종류로 생각할 수 있다. 수학 독후감의 평가는 수리논술과 마찬가지로 생각할 수 있다. 그러나 보다 깊은 수학지식을 사용하였는가 하는 평가보다는 그 책을 읽고 난 후의 분석과 성찰, 그리고 감동의 이유 등이 중시되어야 한다. 따라서 수리논술 문항과는 약간의 차별성을 두는 일반 논술적인 사고와 전개를 지도해야 한다. 이러한 수학 독후감을 지도하기 위해서는 우선 적절한 도서를 선정하는 것이 중요하다. 그리고 지도하는 사람은 그 책이 포함하는 수학적 지식의 습득은 물론 그 책에 대한 깊은 이해가 필요하다.

다음은 어느 독후감 대회에서 '골드바흐의 추측'에 관한 내용이 담긴 책을 읽고 쓴 고등학교 학생의 작품[20]이다. 이 작품은 수학적 근거를 이용하여 서술하지는 않았으나 수학자 골드바흐의 삶에서 자신의 삶의 방향이 될 수 있는 요소를 부각시키고, 부각된 요소들로부터 결론을 맺어가는 흐름이 뛰어나다. 이러한 수학 독후

20) '전국수학교사모임(http://www.tmath.or.kr)'에서는 2008년을 시작으로 하여 매년 독서대회를 개최하고 있다. 2009년의 경우는 소수와 실생활, 수학자와 나, 수의 규칙이라는 세 가지 주제 중 하나를 선택하여 추천 도서 또는 관련 도서를 읽고 독후감을 제출하도록 하였다. 이 작품은 2009년 대회에서 대상을 수상한 학생의 작품이다.

감을 쓰는 경우 그 작품 속에 담긴 수학 내용이 무엇인지를 찾아 정리해보게 하는 활동을 첨가하여 진행하면 수학 관련 도서를 읽는 의미를 배가시킬 수 있을 것이다.

〈도서명〉 사람들이 미쳤다고 말한 외로운 수학 천재 이야기

□ 현재 누구든지 대한민국의 고등학생이라면 수학으로 고생하고 있을 것이다. 물론 나도 그렇다. 수학의 정석에 나오는 문제를 시작으로 EBS 문제까지 수많은 수학 문제집들을 풀며 다양한 수학문제에 도전을 하지만 실패할 때가 더 많고 안 풀린다고 짜증을 내며 수학을 배워 나간다. 웬만해서는 어려운 수학문제를 좋아할 수 없고 꺼려하게 된다. 그러나 일반인의 관점으로는 별종으로밖에 보이지 않는 수학자들이 존재한다. 그들은 스스로 난제를 찾고 그것들을 풀려고 노력한다. 350년에 걸쳐 도전되다가 겨우 증명된 '페르마의 마지막 정리'를 비롯하여 '리만의 가설', '골드바흐의 추측' 등이 있다. 세계 3대 수학의 난제를 제외하고도 일반인에게는 무슨 말인지도 이해가 되지 않을 가설이나 추측 등을 증명하려는 수학자들이 이해가 되지 않는다. 도대체 그들은 무엇을 위해 그렇게 노력을 하는 것일까?

■ '사람들이 미쳤다고 말한 외로운 수학 천재 이야기'라는 책(이하 '수학 천재')에서는 골드바흐의 추측을 증명하려고 했던 가상의 인물이 등장한다. 페트로스 파파크리토스라는 이 수학자는 정상적인 삶을 향유하지 못했던 유명한 수학자들의 상징이다. 페트로스는 라마누잔, 하디, 리틀우드 등 유명한 수학자들과 같은 시대에 살았으며 그들의 친구였으며, 천재라는 설정을 지닌다. 그는 세계에서 가장 어렵기로 소문난 문제들 중 하나인 '골드바흐의 추측'을 풀기 위해서 노력한다. 이 책을 읽으며 기본적인 수학적 지식이라든가 수학자에 관한 이야기를 알게 되었지만 무엇보다도 내가 알게 된 사실들 중 가장 중요한 사실은 따로 있다. 바로 나는 이 소설을 읽으며 페트로스라는 가상의 수학자를 통해 왜 수학자들은 수학에 가진 모든 것을 쏟는지 약간이나마 이해가 가게 된 것이다.

'수학 천재'에서 페트로스가 말하길 수학이란 '아름다움을 창조하고 조화와 완벽함을 추구하는 사람들을 위한 학문'으로 예술이나 스포츠에서나 마찬가지로 최고가 아니면 아무것도 아니며 특별한 재능이 없는 사람은 인생을 바쳐 노력해도 기껏해야 '화려한 범재'에 그치고 만다는 것이다. 그래서인지 페트로스는 유명 수학자들이 발표한 수학적 정리들을 산수라고 폄하하고 자신이 추구하는 길이 진정한 수학자의 길이라 여긴다. 체스 또한 만만치 않은 실력에도 불구하고 '화려한 범재'가 되기 싫어 공식 체스 대회에 참가하지도 않는다. 그들, 수학자들에게 수학이란 천재적인 머리가 허락되는 젊은 시기에 뛰어난 성과를 성취해야 하는 스포츠이다. 여러 스포츠 선수들과 마찬가지로 수학자들의 끝은 그다지 좋지 않았다. 요절한 천재 라마누잔, 미쳐버린 칸토어와 괴델, 자살로 생을 마감한 튜링 등 정말로 수학은 사람을 미치게 하는 모양이다.

물론 사람마다 자신이 선호하는 분야가 있다. 수학자들은 수학에서 미적, 지적 성취를 얻고 그 기쁨으로 살아가는 의미를 얻었을 것이다. 하지만 수학이란 일생을 바칠 정도로 흥미 있는 스포츠인지 궁금하다. 페트로스의 '형'은 '그는 실패한 인생이다. 이룬 것이 없으니까. 이룰 수 있는 목표를 설정하는 것이 중요하다.'라며 페트로스를 폄하한다. 남들에게 뒤지기 싫어 중간성과를 발표하지 않다가 다른 수학자들이 먼저 발표하여 수학자로서의 영예는 획득하지도 못하고, 일생을 거쳐 연구한 '골드바흐의 추측'은 증명을 하지 못하고 생을 마감한다. 그는 성공한 인생일까? 실패한 인생일까?

때로는 페트로스처럼 원대한 꿈과 이상을 갖고 살아가야 한다고 생각한다. 꿈과 이상을 이루어 역사적으로 유명해진 사람들도 많으나 세상에는 아쉽게도 꿈을 접고 이상에 도달하지 못하는 자가 더 많다고 본다. 지난 수백 년 동안 풀리지 않는 수학 난제들을 봐도 그렇다. 수학자라면 누구든지 도전하는 문제들이 긴 시간 동안 증명되지 않는 사실에서 말이다. 정말로 페트로스처럼 이룬 것도 없이 세상을 뜨는 자가 되면 그 인생은 실패한 인생일까? 우리는 '성취할 수 있는' 목표를 설정해야 하는가?

물론 개인이 좋아해서 노력하는 목표이기 때문에 그 꿈과 이상을 격려해 주어야 한다. 하지만 실현하지 못했을 경우 '수학 천재'의 페트로스 같이 '반'미치광이가 되어버릴 수도 있다는 사실을 기억해야 한다. 실제로 그는 그의 조카가 그러한 이유 때문에 수학자가 되는 것을 바라지 않았다.

■ 즉, 나와 같은 일반인들은 대부분의 사람들이 생각하는 실패한 인생을 살기 싫어하기 때문에 성취할 수 있는 목표를 잡고 산다. 하지만 난제에 도전하는 수학자들은 정말로 수학자이기를 넘어서 예술가에 가깝다. 사실 나는 이 책을 읽기 전까지 수학자는 기술자나 과학자에 가깝다는 생각을 많이 하였다. 같은 자연계열이고 수학은 예술과는 거리가 멀다고 생각하였기 때문이다. 하지만 이 책을 읽고 그들에 대한 관점이 달라졌다. 그들은 진정한 예술가이다. 그들의 열정이 허락하는 시기에 모든 것을 불태워 이상에 도달하려고 노력하는 순수한 영혼의 결정이다. 페트로스처럼 동기는 유치할지 모르지만 진리에 대한 집념 하나만은 칭찬하지 않을 수 없다. 나를 비롯한 여러 일반인들은 이러한 수학자들이 될 수도 없고 이들이 추구하는 '실패한 인생'에 도전할 자신 또한 없다. 그렇기에 그들은 더욱 칭찬받아 마땅하다.

생전에 대접 한 번 제대로 받지 못하던 예술가들이 사후에 인정을 받듯이, 우리는 수학자들의 '실패한 인생'을 언급하며 그들을 비하할 것이 아니라 그들의 업적, 난제에 도전하는 열정을 존경하고 본받아야 할 것이다.

또한 다음의 어느 대학생의 독후감과 같이 좀더 전문적인 수학지식을 요구하는 독후감 쓰기도 가능하다. 이 도서에 담겨있는 페르마의 마지막 정리, 괴델의 불완전성의 정리 등의 수학지식을 충분히 이해하였으며 이들 수학지식과 그 느낌을 잘 조직화한 점이 눈에 띄는 작품이다.

〈도서명〉 페르마의 마지막 정리

□ 처음 이 책을 추천 받았을 때는 책 이름만 듣고 '내가 잘 모르는 수학적 내용으로 날 시험에 들게 하겠구나..' 하면서 약간의 두려움을 가지고 도서관으로 책을 빌리러 향했다. 하지만 몇 페이지 보고 난 뒤 책 빌리기 전의 마음이 바로 사라져 버렸다. 최고로 어려운 수학적 내용을 주제로 흥미진진한 소설 같은 느낌으로 바꾸어서 써낸 이 책은 평소 전공서적 외의 책은 거의 보지 않고 사는 나조차 금방 빠져들게 하였다. 넉넉히 시긴을 잡고 짜투리 시간을 이용해서 보려고 했던 내 계획은 이 책의 매력에 산산조각

나버렸고 결국 400쪽 가까이 되는 책을 이틀에 걸쳐 6시간 정도 만에 독파하고 말았다. 책을 읽는 동안 내 눈은 예쁜 여자에게 눈이 가듯 굉장한 속도로 다음 내용을 궁금해 하며 읽었고 손은 책장을 넘기기에 정신이 없었다. 정말 오랜만에 느껴보는 감정이었다.

이 책은 페르마의 마지막 정리를 증명하기위해 일어났던 일들을 소개하면서 결국에 증명을 해낸 앤드류 와일즈를 중심으로 이야기가 전개되는 식이다.

■ 이야기는 앤드류 와일즈가 어렸을 적 페르마의 마지막 정리에 대한 책을 읽으면서 시작된다. 나 또한 중학교시절 피타고라스의 정리를 배울 때 쯤 페르마의 마지막 정리를 알고 있었다. 페르마의 마지막 정리는 와일즈가 어릴 때 생각한 것처럼 나 또한 중학교 시절 그다지 어려워 보이지 않았던 것으로 기억한다. 물론 그때에는 정리가 증명되었지만 나 역시 '왜 이렇게 쉬워 보이는 문제를 수백 년 간 못 풀었지?'하는 생각을 하곤 했었다. 그리고 대학생이 된 후 정수론을 배우면서 페르마의 마지막 정리를 내 나름대로 증명해보겠다고 어줍지 않은 시도도 몇 번 해보기도 했던 생각이 나서 책을 다 읽은 지금은 창피해서 쥐구멍에라도 숨고 싶은 심정이다. 이같이 아마추어 중의 아마추어인 나에게 조차도 쉬워보였던 문제였으니 수백년에 걸쳐 수천, 수 만명의 수학자들이 도전할 만 했고 와일즈 역시 그 중 한 사람이었던 것 같다.

페르마는 17세기 아마추어 수학의 왕자라고 널리 알려져 있다. 정수론을 한 번이라도 본 사람이라면 페르마와 오일러, 가우스의 이름을 모를 리가 없을 정도로 아마추어의 왕자라고 하기에는 거대한 수학자였던 것 같다. 책에 의하면 페르마는 공무원생활을 하면서 재판과 관련된 업무도 맡으며 지냈으며 틈틈이 취미로 수학을 했다고만 나온다. 페르마는 그렇게 틈틈이 수학을 하면서 자신이 증명한 여러 정리를 다른 수학자들에게 해보라고 하는 것이 취미였다고 하는데 지금 내가 생각해도 당시의 페르마는 너무 지독할 정도로 재수 없어 보였을 것 같다. 난 지금도 페르마가 했다는 그 '경이적인 방법'을 너무나 알고 싶다. 경이적인 방법을 알고 싶기는 하지만 페르마가 그렇게 자신의 증명을 기록하지 않음으로써 다른 학자들에게 연구할 거리를 주게 되었고 그로 인해 엄청나게 중요하고 많은 정리들이 나오게 되어 수학사에 지대한 영향을 미치게 된 것은 그나마 다행이라고 생각한다.

페르마가 남기고 간 문제는 심심풀이용부터 최고난이도까지 다양했다고 하는데 세월이 지나면서 오일러를 비롯한 천재적인 수학자들이 하나씩 풀어갔다고 한다. 하지만 마지막까지 풀지 못한 페르마의 정리가 있는데 그래서 이것을 '페르마의 마지막 정리'라고 부르기 시작했다고 한다.

나는 개인적으로 최고로 대단하다는 수학자를 뽑아보자면 오일러를 뽑곤 한다. 물론 가우스와 같은 천재적인 수학자들도 많지만 오일러를 뽑는 이유는 노년기에 시력을 잃어버리는 불행을 겪었지만 그런 상황 속에서도 연구를 멈추지 않고 계속해서 훌륭한 논문을 많이 썼고 수학 역사상 가장 많은 다작을 한 사람이라고 알고 있기 때문이다. 수학에 대한 지칠 줄 모르는 그 열정으로 짧지 않은 인생의 대부분을 수학과 함께 지냈다는 것에 정말 대단한 인물인 것 같다. 아무튼 이 천재적인 오일러가 페르마의 마지막 정리에 도전하게 됐다고 한다. 결과적으로 대천재 오일러조차도 페르마의 마지막 정리를 증명하지 못했지만 $n=3$인 경우에 한해서는 증명을 했다고 한다. 증명과정에 허수단위 i를 사용했다고 하는데 이 사실은 이 책을 읽으면서 처음 안 것이다. 정수론문제에 허수를 도입해서 풀어낸다는 것이 정말 놀랍기도 하고 역시 오일러는 대단한 수학자였다고밖에 생각할 수 없었다.

오일러에 대한 이야기 뒤 소수의 무한성과 암호론으로의 이용과 같은 이야기가 나오고 이제 프랑스의 여인 소피 제르맹에 대한 이야기가 나온다. 그녀는 시대적으로 여성이 수학공부를 하기에 부적절한 때에 태어나서 많은 고생을 했다. 하지만 온갖 굴욕과 무시를 당하면서도 수학에 대한 마음이 변하지 않고 남자가명으로 공부를 할 만큼 열성적이었다. 그녀는 페르마의 정리를 부분적으로 증명하지는 못했지만 다른 학자들이 부분적인 증명을 할 수 있도록 해준 결정적인 논리를 제공하였다. p가 소수일 때 $2p+1$역시 소수가 되는 소수들에 대한 내용이었는데 그 결과 $n=5,\ 7$인 경우가 정복되었고 차차 페르마의 정리가 정복되어 가는 것 같았다. 그녀는 당대 최고의 수하자였던 가우스와 편지를 자주 주고 받았는데 가우스가 인정할 만큼 대단한 실력자였다. 사실 나는 이 책을 읽기 전까지 재르맹이 단지 여자수학자라는 것만 알고 있었을 뿐 그녀가 이룬 업적을 자세히 알지는 못했다. 기껏해야 방금 전 언급한 제르맹 소수 정도였는데 이것이 이렇게 응용되는 줄 알고 다시 한 번 놀라움을 감출 수 없었다.

이야기는 다시 코시와 리메 이야기로 넘어간다. 리메는 $n=7$인 경우 페르마의 정리를 증명한 인물인데 프랑스의 학술원에서 임의의 n에 대하여 증명을 하였다고 몇 주 내에 증명을 끝마치겠다고 했다. 역시 그 자리에서 코시도 자신도 증명을 했다고 했는데 이제부터 두 사람의 시간싸움이 시작된다. 1초라도 먼저 발표한 사람이 시대에 길이 남을 역사적인 수학자가 되는 것이니 그 당시 두 사람의 심정을 생각하면 나까지도 목이 타는 듯하다. 하지만 실망스럽게도 두 사람의 발표는 모두 쿰머라는 수학자가 오류를 지적하였다. 쿰머는 이들의 논문을 바탕으로 페르마의 마지막 정리를 증명할 만한 아이디어를 생각해냈는데 역시나 다시 한계에 부딪히고 말았다. 그 뒤 이제 더 이상 페르마의 정리를 증명하는 것은 불가능하다고 생각하는 수학자들이 늘어났고 20세기 초까지 발전이 없었다. 다시 페르마의 정리가 부각되기 시작한 것은 볼프스켈 때문이었다. 그는 수학을 전공하긴 하였지만 그리 뛰어난 수학자는 아니었다. 하지만 그가 사랑하는 여인에게 실연을 당한 뒤 자정에 자살을 하려고 마음먹고 자정까지 기다리는 시간에 쿰머의 논문을 보던 중 쿰머의 논리의 허점을 발견하고 밤새도록 논문을 본 끝에 자살시간을 놓쳐버렸고 덕분에 살 수 있었다. 삶의 의욕을 페르마의 정리 덕에 다시 되찾은 그는 페르마의 정리를 증명하는 사람에게 자신의 전 재산을 기부하겠다고 하여 전 세계 수학자들에게 페르마의 정리를 알려주었다. 그 후 수많은 사람들이 자신들이 증명을 했다고 편지를 보내왔지만 역시나 잘못된 증명이었다.

시간이 좀 지나 19세기 후반에 이르러 20세기 최고의 수학자들은 수학의 근본부터 다시 재확립시키자는 생각으로 수학의 기초를 다시 다지는 작업에 열중하기 시작했다. 책 중간에 천문학자와 물리학자, 그리고 수학자가 스코틀랜드를 지나가다가 검은 양을 한 마리 발견하고는 각각 묘사를 하는데 수학자가 하는 말이 '스코틀랜드에는 적어도 몸의 한쪽 면 이상의 면적에 검은 털이 나 있는 양이 적어도 한 마리 이상 방목되고 있는 들판이 적어도 하나 이상 존재한다.'인데 이 구절을 몇 번을 읽었는지 모르겠다. 지독하게도 수학적인 말이라 감탄밖에 나오지 않았다. 수학에서 항상 나오는 적어도 하나 이상이라는 말이 이렇게 극단적인 논리에 나타날 수 있다니 하면서 정말 많이 놀랐다. 이렇게 엄밀한 논리를 이용한 수학의 기초를 다지는 작업은 20세기 최고의 수학자라 칭송받는 다비드 힐베르트였는데 그는 한 국제 수학회에서 역사에 길이 남는 강연을 했다고 한다. 그가 제일 중요하다고 생각한 23개의 미해결 문제를 사람들 앞에 제시했는데 이 사실은 내가 집합론을 공부하면서 얼핏 들었던 내용이라 글이 술술 읽혔다. 연속체가설이라고 하는 것도 저 23가지 중의 하나라고 알고 있다. 이렇게 수학의 무모순성을 확립하고 여러 수학자들이 애쓰던 가운데 그 유명한 러셀의 역리가 나오게 된다. 역시 내가 공부를 게을리 해서 그런지 책을 읽고 내용이 뭔지는 알았지만 예전 집합론 책에서 보았던 수학적 증명을 해보려니 잘 되지 않았다. 그래서 지금 다시 한번 보게 되었다. 오랜만에 집합론 책을 봐서 그런지 내가 표시해둔 '(0, 1)은 가부번집합이 아니다'라는 것까지 오랜만에 증명해보니 나도 수학자가 된 것 마냥 살짝 재밌는 기분이 되었다. 아무튼 그렇게 러셀의 역리로 인해 다시 수학자들이 이 모순을 없애기 위해서 노력을 하였으나 괴델에 의해 좌절되고 말았다. 괴델의 불완전성의 정리라고 하는데 이건 내가 잘 알고 있는 내용이었다. '나는 거짓말쟁이다'처럼 어떤 명제를 어떤 공리계 안에서 참이다 아니다를 반드시 결정할 수 있는 것은 아니다 라는 내용인데 연속체가설 또한 결정 불가능한 명제임이 밝혀졌다고 한다.

이제 책은 잠시 정수론과 암호론의 관계에 대해서 잠시 이야기가 나온다. 그 후 컴퓨터의 급속한 발달로 엄청난 양의 계산을 빨리 할 수 있게 되어 페르마의 정리가 $n=400$만 이하의 모든 정수에 대하여 성립했다고 한다. 이 정도 됐으면 보통의 사람들이라면 모든 자연수에 대해서 성립한다고 해도 무리가 없다 라고 할 것 같은데 내가 바로 이런 생각을 할 때 이 책은 다시 내 머리에 충격을 주었다. 31, 331, 3331, 33331, 333331, ……, 33333331은 모두 소수이지만 333333331은 소수가 아니라는 사실이었다. 나 역시 우리나라에서 자란 보통 학생이기에 3, 4번의 규칙에도 쉽게 일반화의 오류를 범하곤 하지만 여기서 이런 반례가 나올 줄은 생각하지도 못했다. 다시 한 번 수학적 귀납법의 힘을 느끼는 순간이었다.

이제 책의 내용은 앤드류 와일즈가 대학을 졸업하고 대학원과정에 들어갔다. 그 뒤 와일즈는 타원곡선이라는 수학분야를 전공으로 하게 되는데 이 타원곡선이라는 분야는 나도 이 책을 보면서 처음 접해 보는 것이라 조금 생소하게 느껴졌다. 좌변은 와이제곱으로 이루어져 있고 우변은 최고차항이 3차인 엑스에 대한 다항식인 형태의 방정식을 연구하는 분야라고 한다. 이 타원방정식에 대한 연구는 훗날 와일즈가 마지막 정리를 증명하는데 결정적인 역할을 하게 된다. 이 부분을 보면서 속된 말로 '될 놈은 된다'라고 느꼈는데 열심히 하는 사람한테는 어떤 식으로 노력하든 보상이 오는 것 같다. 아무튼 타원방정식과 모듈로에 대한 설명이 나오면서 이 절이 끝난다.

이제 일본 수학자들에 대한 이야기가 나오는데 이 책을 읽기 전까지 일본에는 필즈상을 받은 사람이 몇 명 있고 수학교육론 책에서 몇 번 본 것이 전부였는데 일본의 수학자들이 중요한 일을 했다는 것을 보고 놀라지 않을 수가 없었다. 결과적으로 고로 시무라, 유타카 타니야마 이 두 사람의 추론을 증명하는 것이 마지막 정리를 증명하는 것과 같은 꼴이 돼 버리게 된다고 나오는데 이 부분에서 나오는 수학적 내용 중에 M급수, E급수 같은 내용은 정확히 이해가 되질 않았다. 이 두 사람의 추론으로 인해 서로 다른 분야의 수학으로 알고 있던 타원방정식과 모듈형태가 근본적으로 동일하다는 새로운 사실을 알 수 있게 됐다고 한다. 이 '타니야마－시무라의 추론'이 당시에 너무나 획기적인 일이라 이 이론이 사실이라는 가정하에 엄청난 정리들이 마구 쏟아졌었다고 한다. 그리고 결국에 켄 리벳이라는 사람에 의해 타니야마－시무라의 추론을 증명하는 것이 곧 마지막 정리를 증명하는 것과 같다는 것을 밝혀내 버리고야 만다.

이제 와일즈가 본격적으로 타니야마－시무라의 추론과 한판 벌이려는 모양새가 나오기 시작한다. 그는 이 증명을 하기 위해 10년은 고생해야 한다는 것을 알고 있으면서도 철저한 계획과 자기 관리로 증명을 하는 방법을 연구하기 시작한다. 증명의 기본 틀을 수학적 귀납법으로 정하는데 걸린 시간만 1년이라고 하니 실로 놀라지 않을 수가 없었다. 그리고 잠깐 갈루아의 이야기가 나오는데 내가 갈루아에 대해서 알고 있는 것이라고는 현대 대수책에 나오는 갈루아군 정도밖에 모른다. 그래서 그리 대단하지 않은 사람이라고 알고 있었는데 역시나 수학책에 이름이 한 번이라도 적혀 있는 사람들은 괜히 적혀 있는 것이 아니구나 싶다. 요약하자면 그는 5년의 공부로 세계 최고수준의 학문을 이룩했다고 하는데 이런 천재가 사랑하는 여자와 그 여자를 다시 사랑하는 남자와의 결투로 죽었다고 하니 이렇게 허무할 수가 없다. 이상하게도 천재라고 하는 사람들은 대부분 일찍 죽는 것 같다. 아무튼 와일즈는 갈루아군을 이용해 타니야마-시무라의 추론을 1단계 증명하는 데 성공하는 쾌거를 이루었다. 그러던 중 미야오카라는 사람이 미분기하학을 이용해 마지막 정리를 증명했다고 하는 내용이 나온다. 뭐 결과적으로 역시나 증명이 잘못되었지만 이 구절을 읽으면서 도대체 어떻게 하면 정수론에 미분기하학을 연결시킬 수 있을까 하고 정말 많이 놀랐다. 그나마 군이나 타원 방정식 같은 것은 생김새가 비슷하기라도 하지 내가 아는 미분기하학은 곡률, 열률 이런 것들을 주로 연구하는 것인데 책을 읽으면서 정말 놀라지 않으면서 있던 적이 없는 것 같다.

이렇게 시간이 지나고 계속 연구를 하던 와일즈는 콜리바긴-플라흐의 아이디어가 자신의 증명에 도움이 될 것이라고 생각하여 한동안 그 아이디어를 습득하는 데 주력했다고 한다. 하지만 와일즈는 이 분야의 전문가는 아니었기에 자신이 연구한 방법이 논리적으로 오류가 없는지 확신할 수가 없었고 그래서 그는 6년 만에 처음으로 자신의 연구를 한 사람에게 검증받고자 한다. 그는 같은 학교 닉 카츠라는 수학자인데 그와 함께 같이 연구를 하면서 점점 자신감과 확신이 들었고 결국에 증명을 완성해 버리고야 말았다.

와일즈는 케임브리지 대학에서 시무라의 추론을 3번의 강의에 걸쳐서 증명했고 이제 수학계의 동의만 얻으면 되는 상황이었다. 하지만 작은 오류가 하나 발견되고 말았고 와일즈는 이를 대수롭지 않게 생각하여 금방 해결할 수 있을 것이라고 생각했지만 1년이 다 되도록 오류가 있는 부분을 수정하지 못하고 있었다. 하지만 한때 자신의 제자였던 리처드 테일러와 함께 악몽과 좌절을 겪으면서 포기하지 않고 결국에 해내고야 말았고 130페이지에 달하는 수학 역사에 길이 남을 만한 논문으로 남고야 말았다. 그 후 와일즈는 마지막 정리를 증명하는 사람에게 수여한다는 볼프스케 상을 수여 했고 역사에 길이 남게 될 이름을 올리게 된다.

■ 이 책을 다 읽고 난 다음에 느끼는 감정을 글로 표현하기가 너무 어려운 것 같다. 내 마음속에 저 옛날 페르마부터 시작해서 이 책을 읽으면서 알게 된 여러 수학자들의 여러 가지 마음들이 복잡하게 얽혀서 내 가슴을 정신없이 강타하고 있는 것 같다. 그저 놀라고 또 놀라고 또 놀라면서 미친

듯이 책을 읽어 내려갔고 책을 다 읽은 다음에는 마치 내가 뭐라도 한 것처럼 기력이 다 빠져나가서 탈진해 버릴 것만 같았다. 정말로 오랜만에 느껴보는 감정이었고 이 책으로 인해 다시 여러 가지 책을 찾아서 볼 것만 같다. 아니, 사실 난 지금 페르마의 정리를 다 보자마자 '골드바흐의 추측'을 빌려서 지금 약간 읽은 상태이다. 그리고 골드바흐의 추측을 빌리면서 그다음에 볼 책도 미리 정해 두었고 시간을 내서 다 볼 계획이다. 나는 글 쓰는 재주가 없다. 그래서 이런 독후감을 쓰게 되면 3페이지 쓰기에도 너무나 벅차고, 있는 말 없는 말 다 가져다 와 가지고 겨우겨우 분량 메우기에 급급한데 이 책은 내용도 방대할 뿐만 아니라 내가 느낀 것도 너무나 확실해서 쓰기에 큰 부담도 없었다. 이제 내가 비록 와일즈나 다른 유명한 수학자들처럼 되지는 못할지라도 그들의 마음만은 내 안에 품고 수학공부를 할 수 있을 것 같다.

연구과제

1. 본 장에서 제시한 우리나라의 수리논술 사례 이외의 사례를 찾아 제시하고 논술하여 보시오.

2. 과학·수학의 달 5월을 맞아 학생들에게 수학 관련 도서를 읽고 독후감을 제출하게 하려고 한다. 어떤 방법으로 실시할지 쓰시오.

3. 본문에 제시된 수학 독후감의 내용을 비판적으로 읽고 자신의 견해를 쓰시오.

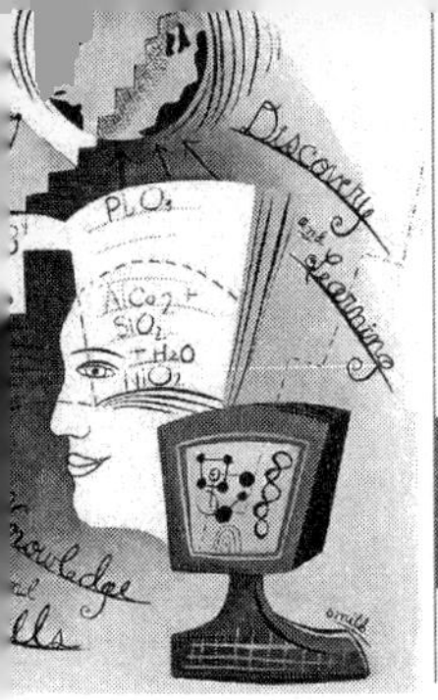

제5장

외국의 수리논술 사례

이 장에서는 외국의 수리논술의 사례를 살펴보고자 한다. 외국의 수리논술은 입시를 위한 논술이 아닌, 좀더 넓은 의미의 수학적 문제해결과 철학적 사유를 알아보는 글쓰기이다. 이런 점에서 현재의 우리나라와 유사한 유형의 문제들을 수리논술 문제로 다루고 있는 미국의 예를 주목할 필요가 있다. 따라서 5.1절에서는 미국의 수학 교과서와 입시에 제시되고 있는 수리논술 사례를 다룬다. 5.2절에서는 그 외의 나라의 수리논술 사례를 알아본다.

5.1 미국의 수리논술 사례

미국의 대학입학시험에서 우리나라 논술에 해당하는 것은 에세이(essay)인데, 에세이는 내신과 SAT의 점수와 함께 학생을 선발하는 또 하나의 전형요소이다. 에세이는 대학마다 치르지만 각 대학마다 형식과 내용 면에서 차이가 있다. 특정 교과 지식을 묻는 게 아니라 자신만의 개성적인 생각을 논리적이고 자유롭게 전개하는 수필 형식이라는 점이 우리나라 논술과 차이가 있다.

예를 들어 '자신에게 가장 큰 영향을 미친 사람은 누구이며 어떤 영향을 받았는지 논하라', '개인적 혹은 지역적 · 국가적 · 국제적 문제들 중 자기가 가장 관심 있는 문제에 대해 논하고 그것이 왜 자기에게 관심 있는지 논하라' 등 여러 개 중에서 한 개를 골라 250~500자의 단어로 쓰는 것이다. 이것은 어떤 면에서 지문이 주어지는 우리의 논술 문제와는 다르다고 할 수 있다. 또 SAT에 읽기(critical reading)와 수학(math) 외에 쓰기(writing)가 추가된 것은 아예 짧은 에세이가 전 고교생을 대상으로 한다는 점에서 흥미롭다. 이것은 우리의 대학 수학능력시험에서도 간단한 쓰기의 문제가 출제될 수 있다는 점에서 시사하는 바가 크다. 에세이는 주어진 주제에 대하여 자신의 논점을 써야 한다는 점에서 우리의 논술과 방향이 같으나 그 형식면에서 우리보다는 간단하다. 이외에도 미국에서 보는 논술시험으로는 일종의 대학수학능력고사인 ACT(American College Test) 속의 논술시험이 있다. 이 논술 시험의 주제는 일상생활에 관한 것이다. 미국에서 이처럼 논술시험을 대학입학시험에 포함시키게 된 배경에는 대학생들의 쓰기 능력과 그들의 대학 생활 속의 학문적 성과에 상관관계가 있기 때문이다.

그 외에도 일부 대학에서 중등학교 학생들을 위해 몇 주 동안 개설하는 수학 적응 코스에서 수리논술이 다루어진다. 물론 미국의 교과서나 참고서에도 수리논술이라 부를 수 있는 내용이 포함되어 있다.

다음은 미국의 어느 수학 교과서에 있는 글쓰기 관련 문제[21]이다.

예 1

원문

Writing

16. Write a summary of the rules you have learned for removing parentheses from expressions. Be sure to describe how to remove parentheses that are used with subtraction and those that are used with multiplication. Give an example of how to use each rule.

번역문

식의 계산에서 괄호를 없애기 위해 학습한 법칙들을 요약하여 기술하여라. 뺄셈이 사용된 괄호를 없애는 법칙과 곱셈이 사용된 괄호를 없애는 법칙을 반드시 기술하여라. 각 법칙의 사용 방법에 대한 예를 제시하여라.

21) McGrow-Hill(2005). MathScape Course3.

예시답안

□ 식의 계산에서 괄호를 없애는 규칙을 그 예와 함께 기술한다면 아래와 같다.

▩ 뺄셈의 경우는 빼는 식, 즉 뺄셈 기호에 붙어 있는 괄호 안의 식의 모든 항의 부호를 바꾸어 덧셈을 한다. 예를 들어 $(2x-1)-(3x-5)=(2x-1)+(-3x+5)=2x-1-3x+5$와 같은 방법으로 괄호를 없앤다. 또한 곱셈의 경우는 분배법칙을 이용하여 전개함으로써 괄호를 없앤다. 예를 들어 $(3x-2)(x+4)=3x\times x+3x\times 4-2\times x-2\times 4$와 같은 방법으로 괄호를 없앤다.

■ 즉, 뺄셈의 경우는 덧셈으로 바꾸고, 곱셈의 경우는 분배법칙을 이용한다.

다음의 예 2, 예 3은 보스턴 대학에서 고등학생을 대상으로 운영 중인 수학 적응 코스에서 사용한 문제이다.

예 2

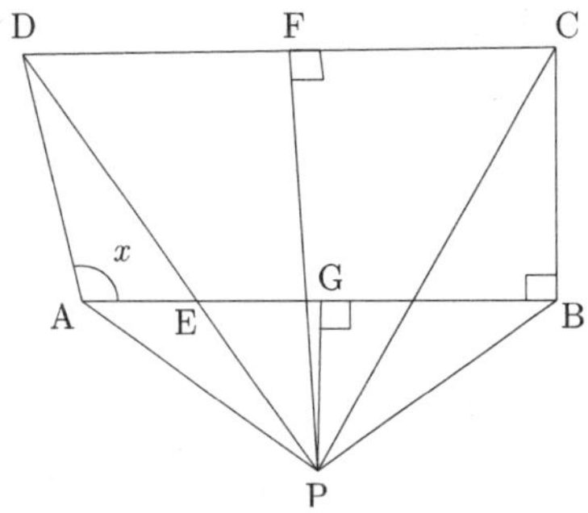

(원문) According to the Journal of Irreproducible Results, any obtuse angle is a right angle! Here is their argument. Given the obtuse angle x, we make a quadrilateral ABCD with $\angle DAB=x$ and $\angle ABC=90°$, and $AD=BC$. Say the perpendicular bisector to DC meets the perpendicular bisector to AB at P. Then $PA=PB$ and $PC=PD$. So the triangles PAD and PBC have equal sides and are congruent. Thus $\angle PAD=\angle PBC$. But PAB is isosceles, hence $\angle PAB=\angle PBA$. Subtracting, gives $x=\angle PAD-\angle PAB=\angle PBC-\angle PBA=90°$.

This is a preposterous conclusion – just where is the mistake in the "proof" and why does the argument break down there?

번역문 〈Irreproducible Results〉라는 저널에 따르면 임의의 둔각은 직각이다! 여기 그 주장이 있다. 둔각 x가 주어져 있을 때, ∠DAB = x, ∠ABC = 90°, AD = BC인 사각형 ABCD를 만든다. DC의 수직이등분선이 AB의 수직이등분선과 점 P에서 만난다고 하자. 그러면 PA = PB, PC = PD. 그래서 삼각형 PAD와 PBC는 길이가 같은 변들을 가지며 합동이다. 그래서 ∠PAD = ∠PBC. 그러나 △PAB는 이등변삼각형이므로, ∠PAB = ∠PBA. 뺄셈을 하면, x = ∠PAD − ∠PAB = ∠PBC − ∠PBA = 90°. 이것은 불합리한 결론이다. "증명"의 어느 부분에 잘못이 있으며 왜 증명은 그곳에서 실패했는가?

위 문제는 비판적 사고 없이 문제의 논리대로 따라가면 모순의 함정에 빠지게 된다는 점에서 흥미롭다. 따라서 올바른 논리가 무엇인지를 생각하게 하는 좋은 수리논술의 예일 것이다.

예시답안

□ 우선 위의 증명을 따라가다 보면 오류가 없는 것처럼 생각이 된다. 지엽적인 부분의 오류를 찾아내기 위해서 단계마다의 그림을 그려보기로 하자.

■ 실제로 조건에 맞게 작도하면, 선분 PD가 선분 AB와 만나는 것이 아니라, 선분 AB의 연장선과 교점 E에서 만나게 된다.

〈그림 3〉과 같이 $\overline{BA}$, $\overline{BC}$를 이웃하는 두 변으로 하는 직사각형 ABCH를 그리고, 점 H에서 점 P, D를 각각 연결한다.

$\overline{FP}$가 선분 $\overline{CD}$의 수직이등분선이므로 $\overline{PD} = \overline{PC}$

$\overline{PG}$가 선분 $\overline{AB}(=\overline{HC})$의 수직이등분선이므로, $\overline{PH} = \overline{PC}$

따라서, $\overline{PH} = \overline{PD}$이므로 △PDH는 이등변삼각형이다.

또한, 조건에서 $\overline{AD} = \overline{BC}$이고, 사각형 ABCH가 직사각형이므로, $\overline{AD} =$

$\overline{AH}$ 이다.

따라서 $\overline{AD} = \overline{AH}$ 이므로 $\triangle ADH$ 는 이등변삼각형이다.

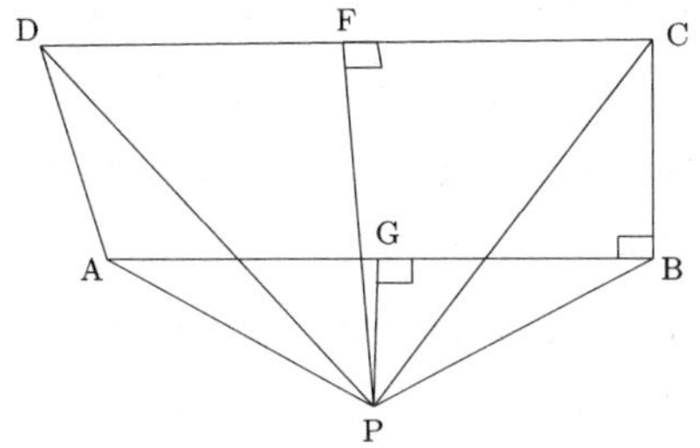

〈그림 1〉 잘못된 그림

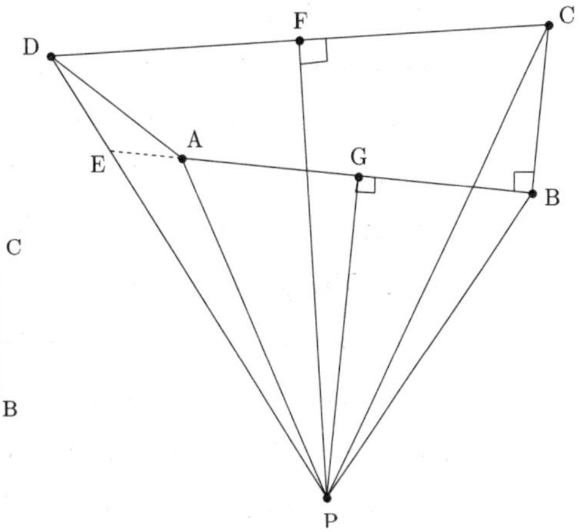

〈그림 2〉 올바르게 작도된 경우(풀이 관련)

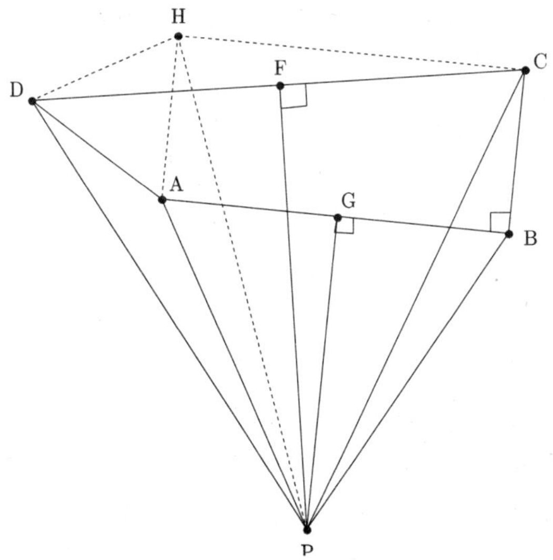

〈그림 3〉 (풀이 1) 관련

■ $\triangle PDH$ 와 $\triangle ADH$ 가 이등변삼각형이고, $\overline{PD} > \overline{AD}$ 이므로, 점 A 는 $\angle DPH$ 의 내부에 존재한다. 그러므로, 〈그림 2〉가 올바르다.

예 3[22)]

원문 The tail of a giant kangaroo is attached by a giant rubber band to a stake in the ground. A flea is sitting on top of the stake eyeing the kangaroo (hungrily). The kangaroo sees the flea leaps into the air and lands one mile from the stake (with its tail still attached to the stake by the rubber band). The flea does not give up the chase but leaps into the air and lands on the stretched rubber band one inch from the stake. The giant kangaroo, seeing this, again leaps into the air and lands another mile from the stake (i.e., a total of two miles from the stake). The flea is undaunted and leaps into the air again, landing on the rubber band one inch further along. Once again the giant kangaroo jumps another mile. The flea again leaps bravely into the air and lands another inch along the rubber band. If this continues indefinitely, will the flea ever catch the kangaroo? (Assume the earth is flat and continues indefinitely in all directions.)

번역문 자이언트 캥거루의 꼬리는 땅에 박힌 말뚝에 묶여 있는 거대한 고무줄에 의해 붙어 있다. 한 마리의 벼룩은 말뚝 위에서 캥거루를 지켜보고 있다(배고프게). 벼룩을 본 캥거루는 뛰어 올라 말뚝으로부터 근처 1마일 거리에 착지한다(아직 말뚝에 있는 커다란 고무줄에 의해 꼬리가 묶여 있다). 그 벼룩은 그것을 쫓는 것을 포기하지 않고 다시 뛰어올라 말뚝으로부터 1인치 거리에 있는 팽팽한 고무줄 위에 도착한다. 이를 보며 자이언트 캥거루는 다시 점프하여 말뚝으로부터 또 1마일 떨어진 거리에 착지한다(다시 말해, 말뚝으로부터 총 2마일 거리에 있는 것이다). 그 벼룩은 당황치 않고 다시 뛰어올라 그 고무줄에서 1인치 더 멀리 따라 뛰어 오른다. 1마일 더 캥거루가 뛰어오른다. 그 벼룩은 다시 용감하게 뛰어올라 그 고무줄을 따라 1인치 더 내딛는다. 만약 이러한 상황이 무한정 반복될 경우, 언젠가는 벼룩이 캥거루를 따라 잡을 수 있을까? (지면은 평평하고 모든 방향으로 무한정 진행된다고 가정하자).

---

22) 미국 보스턴대학의 수학영재 교육자료

이 문제의 지도는 상식적이고 단순한 생각이 아닌, 상상 속에서 수학적인 모델을 세우고 거기에 수학의 힘을 기르기 위해 문제 상황을 잘 파악하는 데에 주안점을 두어야 한다. 따라서 그림 및 기타의 표현을 통해 이 문제가 수열의 극한에 관련됨을 알아차려야 한다. 그리고 수열의 일반항과 점화관계를 적절하게 표현할 수 있게 지도하여야 한다.

또 학생의 논술을 평가하는 데 있어 우선 이 논제는 수학 교과형으로 분류됨에 주의하여야 한다. 따라서 수학적인 힘을 관찰하고 평가하는 것이 타당하다.

아래의 예시는 서론이 부족한 예이다. 내용은 올바르다 할 수 있으나 보다 잘 풀어 나가는 서술의 힘이 부족한 감이 든다.

예시답안

□ 캥거루와 벼룩 사이의 관계를 점화식으로 표현하는 방법을 찾아보자.
고무줄의 강도가 균일하다고 가정하면,
캥거루와 벼룩 사이의 초기관계를 문제의 뜻에 따라 아래와 같이 그림으로 표현할 수 있다
A를 벼룩, B를 캥거루라 하고 문제를 단순화하기 위하여 1mile = 100 이라 가정하자.

■ ①

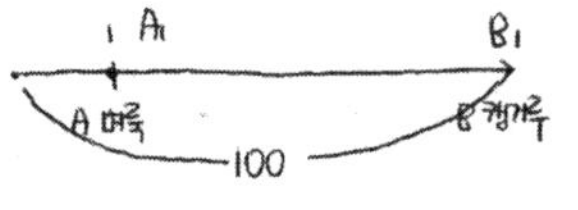

②

벼룩은 2로 갔다가 1만큼 더 가므로 2+1=3 이 된다.

③

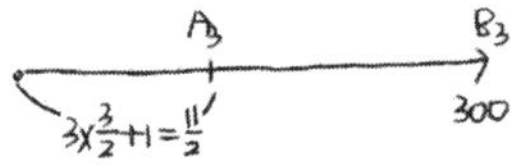

따라서 일정한 관계식을 수학적으로 Modeling 할 수 있다.
벼룩의 진행위치를 a_n, 캥거루의 위치를 b_n이라 하면

∴ 

$b_n = n\times100$ 이 된다.

n번째에서 한번 더 진행하면 a_{n+1}과 b_{n+1}을 추론할 수 있다.
당연히 $b_{n+1} = b_n + 100$
그리고 $a_{n+1} = \frac{n+1}{n}a_n + 1$ 이므로 문제에서 $b_n - a_n < 0$ 일때의 여부를 묻고있다.

이 때 벼룩과 캥거루 사이의 거리를 C_n이라 두면,

$$C_n = b_n - a_n = n\times100 - a_n \quad \text{이므로}$$

$$\begin{aligned} C_{n+1} &= (n+1)\times100 - a_{n+1} \\ &= (n+1)\times100 - \left(\frac{n+1}{n}a_n + 1\right) \\ &= (n+1)\times100 - \frac{n+1}{n}(n\times100 - C_n) - 1 \end{aligned}$$

그러므로 $C_{n+1} = \frac{n+1}{n}C_n - 1$

여기서 $\frac{C_{n+1}}{n+1} = \frac{C_n}{n} - \frac{1}{n+1}$ 이를 계차로 생각하면

$$\sum_{k=1}^{n-1}\left(\frac{C_{k+1}}{k+1} - \frac{C_k}{k}\right) = -\sum_{k=1}^{n-1}\frac{1}{k+1}$$

그러므로 $\frac{C_n}{n} - C_1 = -\sum_{k=1}^{n-1}\frac{1}{k+1}$

그러므로 $\frac{C_n}{n} = C_1 - \sum_{k=1}^{n-1}\frac{1}{k+1}$

여기서 $C_1 = 100 - a_1 = 99$ 이므로

$$C_n = n\left(99 - \sum_{k=2}^{n}\frac{1}{k}\right) = n\left(100 - \sum_{k=1}^{n}\frac{1}{k}\right)$$

$\sum_{k=1}^{n}\frac{1}{k}$은 $+\infty$로 발산하므로 n이 충분히 크면 $\left(100-\sum_{k=1}^{n}\frac{1}{k}\right) < 0$ 이 된다.

■ 따라서 A와 B의 간격이 − 가 된다는 것은 A가 B를 추월한다는 의미이므로 추월할 수 있다는 결론에 도달한다.

5.2 그 외 나라의 수리논술 사례

1) 프랑스 바칼로레아

1808년 나폴레옹에 의해 처음 만들어진 이래 오늘날까지 계속되는 200년의 역사를 자랑하는 프랑스 국가단위의 고교 졸업 인증시험, 대입자격 시험, 고등교육 보장의 성격을 띄는 바칼로레아(Baccalauréat)는 논술의 원조로 불린다. 이 시험은 3~5개 과목을 과목당 2~4개 문항 중에서 1문항을 택해서 2~4시간 동안 쓴다.

지문이 주어지는 우리의 논술과 달리 바칼로레아는 한 문장으로 질문을 하고 그 학생이 지금까지 살아온 동안의 독서량과 지식, 철학을 답하게 만든다. 따라서 프랑스 학생들은 학교에서 모든 과목을 철학과 결부시키고 많은 양의 독서를 통하여 읽고 요약하고 비판하는 훈련으로 논문을 쓰는 연습을 한다. 바칼로레아는 출제되자마자 사회적 이슈가 될 정도로 관심이 높다[23]. 여기서 우리가 알아두어야 할 점은 이 시험은 출제와 채점, 그리고 채점 인원에 있어 그 규모가 엄청나다는 것이다. 이 책에서 예로 들고 있는 우리나라의 수리논술 문제는 채점 시간과 그 채점인원에 있어 바칼로레아와 도저히 비교 불가능하다. 따라서 이 바칼로레아의 지도와 평가는 다음 기회로 미룬다. 다음은 바칼로레아에서 출제된 수학과 관련된 문제의 예로 수학적 지식과 함께 격조 높은 철학적 사유를 요구하고 있다. 비록 우리의 논술 문제와 거리가 있더라도 논지 자체가 갖는 아름다움은 우리를 생각하고 다시 생각하게 한다.

예 1. 논리 규칙은 정신의 자유를 제약하는가?
예 2. 수학은 도구인가? 언어인가? 모든 과학의 모델인가?

---

23) 바칼로레아의 일반적인 논술 문제의 예로는 다음과 같은 것들이 있다.
「참을 수 없는 것은 참아야 하는가?」「진리는 인간을 구속하는가, 자유롭게 하는가?」「"나는 누구인가?"라는 물음에 대한 정확한 답변이 인정될 수 있는가?」「모든 권력은 폭력을 동반하는가?」「옳은 일과 그른 일은 단지 관습적인 것인가?」「언어는 오직 의사소통을 위한 것인가?」「우리는 기술로부터 무엇을 기다리나?」「사랑이 의무일 수 있는가?」「예술작품에 대한 감수성은 교육이 요구되는가?」「예술작품은 반드시 아름다운가?」「나는 육체를 갖고 있는가? 혹은 육체인가?」「여성은 태어나는가? 만들어지는가?」「정의로운 전쟁은 존재하는가?」「자유롭다는 것, 그것은 어떤 장애물도 만나지 않는 것인가?」「과학의 용도는 어디에 있는가?」

예 3. 우리는 과학적으로 증명된 것만을 진리로 받아들여야 되는가?
예 4. 계산, 그것은 사고한다는 것을 말하는 것인가?
예 5. 현실이 수학적 법칙에 따른다고 할 수 있는가?
예 6. 오류는 진리를 발견하는 과정에서 어떤 역할을 하는가?
예 7. 수학화될 수 있는 것만 과학이라고 말할 수 있는가?
예 8. 수학적 추리는 단순한 논리적 추리인가?
예 9. 수학을 현실의 모든 영역에 활용하는 것은 합당한가?
예 10. 수학이라는 학문에서 경험이 차지하는 부분은 무엇인가?
예 11. 경험에서 독립된 사고물인 수학이 어떻게 현실을 그토록 잘 설명하는 것일까?

2) 영국 GCSE, GCE

영국은 중등교육자격시험(GCSE; General Certificate of Secondary Education)과 2년의 대학예비과정을 통과하는 대학입학자격시험(GCE; General Certificate of Education)에 논술이 포함된다.[24] 우리나라 대학입시 논술과의 차이점은 통합적이거나 지문을 이용한 복합적인 문제가 아닌 자신의 의견을 논리적으로 개진하는 글을 요구한다는 것이다.

다음의 예 1, 예 2는 GCSE의 수학 주관식 문제들이다.

우선 예 1은 컴퓨터 사용 시간에 대한 설문지를 보고 오류를 지적하는 문제이다. 표본 조사 자료의 적합성을 검증하는 것은 통계 분야에서 중요한 일이다. 이러한 문제가 다루어진다는 점에서 우리의 통계 교육에 시사하는 바가 있다.

24) GCSE는 「UN에서 미국이 개발도상국가의 지지를 받지 못하는 이유는 무엇인가?」 「1972년 닉슨 대통령의 북경 방문의 배경과 결과를 논하라.」과 같이 사실적 지식을 묻는 문항이 출제되고, GCE는 「선진국과 개발노상국 사이의 관계는 본질적으로 수익성에 기초한 착취와 지배의 관계이다. 이 주장을 몇 개의 개발도상국가나 지역을 예로 들어 비판적으로 논술하라.」 「현재의 재정상태를 설명하면서 고질적인 재정적자를 해소하기 위해 정부가 취할 수 있는 정책들을 비교 논술하라」와 같은 자신의 주장과 논리를 펴도록 요구하는 논술문제가 출제되고 있다.

예 1

원문

Poppy wants to find out for how much time people use their computer. She uses this question on a questionnaire.

For how much time do you use your computer?			
0 – 1 hours	☐	3 – 4 hours	☐
1 – 2 hours	☐	4 – 5 hours	☐
2 – 3 hours	☐	5 – 6 hours	☐

(a) Write down two things that are wrong with this question.

1. ....

....

2. ....

....

(2)

Poppy gives her questionnaire to all the students in her class.
Her sample is biased.

(b) Give one reason why.

....

....

(1)

(Total 3 marks)

blank

Q2

번역문 Poppy는 사람들이 컴퓨터를 몇 시간 동안 사용하는지를 알아보고자 한다. 그녀는 설문지에 다음의 질문을 하였다.

당신은 몇 시간 동안 컴퓨터를 사용합니까?			
0 – 1시간	( )	3 – 4시간	( )
1 – 2시간	( )	4 – 5시간	( )
2 – 3시간	( )	5 – 6시간	( )

(a) 이 질문에서 잘못된 것 두 가지를 쓰시오.

1. ______________________________

____

2. ____________________

____

Poppy는 그녀의 설문지를 자기 학급의 모든 학생들에게 돌렸다.
그녀의 샘플은 편향되어 있다.
(b) 왜 그런지 그 이유를 한 가지 제시하시오.

____

____

아래의 예 2는 우리의 교육과정에서는 다소 생소한 상자-수염 그림(Box and Whisker Plot)을 해석하는 능력을 알아보는 문항이다. 이 그림에서 중앙값을 분석하는 능력과 사분위수를 해석하는 능력을 측정하고 있으며 산포도를 그래프를 통하여 직관적으로 알아볼 수 있는 능력을 묻고 있다. 이와 같이 다양한 그래프를 해석하는 능력과 대푯값의 개념을 활용하는 능력을 기르는 것은 우리의 통계 교육에 있어 필요한 일이다.

예 2

원문

Jonn and Peter each own a garage.
They both sell used cars.

The box plots show some information about the prices of cars at their garages.

4. John and Peter each own a garage.
They both sell used cars.

The box plots show some information about the prices of cars at their garages.

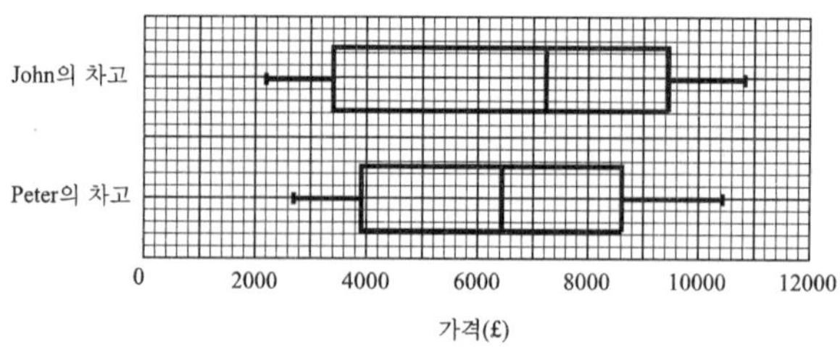

Compare the distribution of the prices of cars in these two garages.

Give two comparisons.

1 ....

....

2 ....

....

(Total 2 marks)

번역문 Jonn과 Peter는 차고를 하나씩 가지고 있다.

그들은 모두 중고차를 팔고 있다.

아래의 상자 그래프는 그들의 차고에 있는 차의 가격에 관한 어떤 정보를 보여주고 있다.

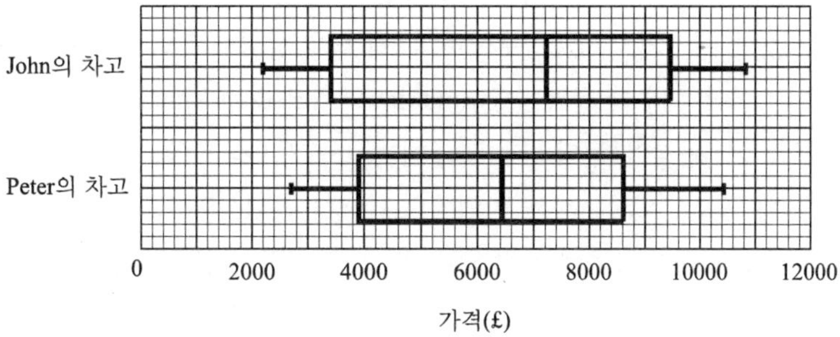

이 두 차고에 있는 차들의 가격의 분포를 비교하여라.

비교한 것 두 가지를 제시하여라.

1 ....

....

2 ....

....

3) 독일 아비투어

논술과 구술시험으로 이루어진 독일의 아비투어(Abitur)는 1788년에 시작되었으며 프랑스의 바칼로레아와 같은 역할을 한다. 아비투어는 과목당 4~5시간씩 4과목의 논술시험을 치르는데 국어(독어)와 수학, 외국어가 필수이고 4장 이상의 답안을 작성한다.

특별한 논술교육이 없더라도 평소 수업시간의 토론과 논술 과제, 사고력 신장교육 등으로 인해 다양한 논술 문제가 출제된다[25]. 아비투어의 특이한 점은 정부가 대입논술고사 범위와 학생들이 읽어야 할 작품, 질문 방식에 대해 2년 전에 고등학교에 통보한다는 점이다. 어찌 보면 일방적이고 자유스럽지 못한 면이 있는 것 같으나 우리나라의 현실처럼 스스로 학생들이 자유롭게 선택하지 못하는 교육과정이라면 논술도 독일의 아비투어처럼 국가가 정해주는 방법도 참고할 만하다.

독일은 주마다 아비투어 문제가 조금씩 다르다. 이 책에서는 바이에른 주의 문제를 중심으로 아비투어 수리논술 문제를 소개한다. 바이에른 주는 교육 면에서 독일에서 높게 평가되고 있는 주이며 학생들의 성취도도 가장 높은 곳으로 알려져 있다. 아비투어의 수학 문제는 Grundkurs와 Leistungskurs로 나뉘는데, 기본과정과 심화과정으로 번역이 된다. 각 코스에는 1~6까지의 영역이 있는데 1,2는 미적분 영역, 3,4는 통계, 5,6은 기하 영역이다. 학생들은 1,4와 2,5 또는 1,4와 3,6을 선택하여 총 4문제 중에 2문제를 풀어야 하고, 주어진 시간은 기본 코스는 240분 심화 코스는 300분이다. Angabe가 문제이고 Lösung이 해설부분이다. 아비투어에서 어떤 문제는 답을 미리 알려주는 것도 있다. 단순 계산 실수로 인한 오답은 의미 없다고 생각하여 정답을 구하는 것보다 어떻게 그런 답에 도달하였는지를 평가하는 문제이다 보니 그런 형태의 문제가 되었다. 또한 용어와 기호, 개념 설명에 있어서 고등학교 수학과 대학 수학 사이에 큰 차이가 없다. 이 부분이 우리와 많이 다른 부분일 것이다.

다음은 독일의 아비투어와 관련된 수학 문제이다. 이 문제는 확률에서부터 통계의 검정까지를 다양하게 질문하고 있다. 이 문제에서의 논리적 근거를 요구하는 질

---

25) 다음은 아비투어의 일반적인 논술 문제의 예들이다.
'18세기 독일 문학이론에서 셰익스피어 작품에 관한 논의가 차지하는 의의를 짧게 설명하고, 임의의 독일 희곡 작품을 들어 거기에 나타난 셰익스피어의 영향을 논하라.', '독일의 상이라는 개념을 두 문학작품을 예로 들어 비교하고, 시대사적 · 문학사적 배경과 관련해 논하시오.'

문은 3번과 4번이다. 3번은 인과관계를 설명하고 곡선을 해석하는 것을 목표로 하고, 4번은 공급자와 소매상의 입장에서 논술하라는 것을 목표로 한다.

예 1

원문

Äpfel können durch zu langes Lagern matschig werden. Diese Eigenschaft ist äußerlich nicht zu erkennen.

1 Eine Apfelsorte enthält nach einer Lagerzeit von einern Monat etwa 20% matschige Früchte. Bestimmen Sie für Äpfel dieser Sorte mit einer entsprechenden Lagerzeit die Wahrscheinlichkeiten folgender Ereignisse:
A: Unter 7 Äpfeln befinden sich genau 2 matschige.
B: Unter 20 Äpfeln befinden sich mindestens 2 matschige.
C: Unter 100 Äpfeln befinden sich mindestens 15, aber höchstens 25 matschige. **(6 BE)**

2 Ein Supermarkt bezieht seine Äpfel von zwei Lieferanten A und B. Lieferant A liefert 70% der Äpfel. Von diesen Äpfeln sind 10% matschig; insgesamt sind 13% aller gelieferten Äpfel matschig.
Ermitteln Sie, welcher Lieferant prozentual, welcher zahlenmäßig weniger matschige Äpfel liefert. **(6 BE)**

3 Eine Lieferung Äpfel kommt bei einem Obsthändler verspätet an. Dieser ist nicht sicher, ob die Ladung den in solchen Fällen üblichen Anteil von etwa 20% matschigen Früchten enthält oder ob ob sich der Anteil der matschigen Äpfel durch die Verspätung vergrößert hat. Der Obsthändler will 20 zufällig ausgewählte Äpfel überprüfen.
Er stellt folgende Nullbypothese auf: $H_0 : p \leq 0.2$.
Ermitteln Sie den Annahme- und den Verwerfungsbereich für ein Signifikanzniveau von $\alpha = 5\%$ und erläutern Sie deren Bedeutung im Sachzusammenbang.
Bestimmen Sie die Wahrscheinlichkeit für den Fall, dass das Testergebnis im Annahmebereich der Nullhypothese liegt, obwohl der Anteil matschiger Früchte tatsächlich 40% beträgt.
Erläutern Sie, welcher Zusam-

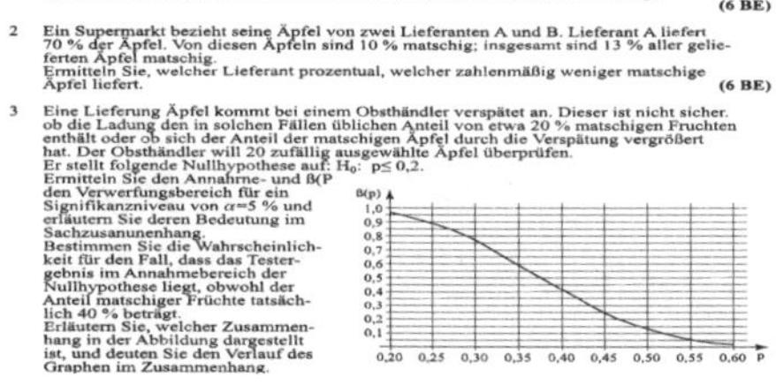

menhang in der Abbildung dargestellt ist, und deuten Sie den Verlauf des Graphen im Zusammenhang. **(12 BE)**

4 Ein eifriger Mitarbeiter des Obsthändlers schlägt vor, einen Test unter gleichen Bedingunger wie in Aufgabe 3, aber mit der Nullhypothese $H_0 : p \leq 0.2$ durchzuführen.
Beurteilen Sie diesen Ansatz aus Sicht des Lieferanten einerseits sowie aus Sicht der Kunden des Obsthändlers andererseits. **(6 BE)**

번역문 사과는 긴 저장 기간을 통하여 과육이 물러질 수 있는데 이는 외관상으로는 식별이 되지 않는다.

1. 어떤 사과 품종은 1달의 저장기간 후에 20%의 사과가 물러진다. 같은 저장기간을 가진 이러한 품종의 사과에 대하여 다음 사건의 확률을 구하시오.

   A: 7개의 사과 중에 오직 2개의 사과만이 무른 사과이다.

   B: 20개의 사과 중에 적어도 2개의 사과가 무른 사과이다.

   C: 100개의 사과 중에 적어도 15개 이상 기껏해야 25개의 사과가 무른 사과이다.

2. 한 슈퍼마켓은 사과를 두 개의 납품업체 A와 B로부터 공급받는다. 납품업체 A로부터 사과의 70%를 공급받는데 이 중의 10%의 사과가 무른 사과이며 슈퍼마켓에 공급되는 전체 사과의 13%가 무른 사과이다. 어느 공급업체가 무른 사과를 더 적은 퍼센트로 공급하는지 조사하시오.

3. 사과가 과일 소매상에게 늦게 도착하는 경우 20%의 무른 사과가 통상적인 부분인지 배달지연으로 인하여 무른 사과의 퍼센트가 더 커진 건지는 확실하지 않다. 과일 소매상은 무작위로 선택한 20개의 사과를 검사하려 한다. 그는 다음과 같은 귀무가설을 세웠다.

$$H_0 : p \leq 0.2$$

   - 유의수준 $\alpha = 5\%$로 가설의 수용범위와 기각 범위를 검정하고, 위 사실과 연관하여 그 의미를 설명하시오.

- 무른 사과의 양이 실제로 40%에 달함에도 불구하고 테스트의 결과가 가설의 수용범위에 있는 경우의 확률을 구하시오.
- 제시된 그림에 어떤 인과관계가 있는지 설명하고 이 인과관계에서 그래프의 곡선을 해석하시오.

4. 과일 소매상의 의욕 있는 한 동료가 문제 3과 동일한 조건하에서 가설이 $H_0 : p \geq 0.2$인 경우로 검정을 실시해줄 것을 제안했다. 이 가설을 공급자의 입장에서 또 한편으로는 과일 소매상의 고객의 입장에서 논하시오.

참고

• 가설 검정

– 연구는 검증해야 할 가설을 필요로 하는데, 일반적으로 연구에서 검증하는 가설을 귀무가설이라 하고, 귀무가설과 반대되는 가설을 대립가설이라고 한다. 귀무가설은 연구에서 심각한 오판의 사실인 내용이 되며, 연구는 이를 검증한다. 대립가설은 연구자가 연구를 통해 입증되기를 기대하는 예상이나 주장하는 내용이다.

– 귀무가설(歸無假說, 영어: null hypothesis, 기호 H_0) 또는 영가설(零假說)은 통계학에서 처음부터 버릴 것을 예상하는 가설이다. 차이가 없거나 의미 있는 차이가 없는 경우의 가설이며 이것이 맞거나 맞지 않다는 통계학적 증거를 통해 증명하려는 가설이다. 예를 들어 범죄 사건에서 용의자가 있을 때 형사는 이 용의자가 범죄를 저질렀다는 추정인 대립가설(H_1)을 세우게 된다. 이때 귀무가설은 용의자는 무죄라는 가설이다. 통계적인 방법으로 가설검정을 시도할 때 쓰인다. 로널드 피셔가 1966년에 정의하였다.

– 대립가설(對立假說, 영어: alternative hypothesis) 또는 연구가설 또는 유지가설은 귀무가설에 대립하는 명제이다. 보통, 모집단에서 독립변수와 결과변수 사이에 어떤 특정한 관련이 있다는 꼴이다. 어떤 가능성에 대해 확률적인 가설검정을 할 때 귀무가설과 함께 사용된다. 이 가설은 귀무가설처럼 검정을 직접 수행하기는 불가능하며 귀무가설을 기각함으로써 받아들여지는 반증의

과정을 거쳐 받아들여질 수 있다.

–가설검정은 다음과 같은 총 5단계 절차를 거치게 된다.

1. 유의수준의 결정, 귀무가설과 대립가설 설정
2. 검정통계량의 설정
3. 기각역의 설정
4. 검정통계량 계산
5. 통계적인 의사결정

다음은 아비투어의 미적분 영역 관련 문제이다. 이 문제는 우리 나라와 용어에 있어 차이가 존재하나 이공계에 진학하고자 하는 학생들이 흥미있게 풀어 볼 수 있는 문제이다. 1번에서는 여러 소문항을 통해 $k \in R^+$에 대한 그래프 G_k를 이해하고 이를 바탕으로 하여 2번에서는 $k \in R^-$에 대한 그래프 G_k와의 차이에 대해 설명하는 문제이다.

$k \in R^+$에 대하여 최대 정의역 D_k를 가진 함수의 집합 $f_k : x \mapsto 1 - \dfrac{2k}{e^x + k}$이 주어져 있다. 함수 f_k의 그래프를 G_k로 표시한다.

1. a) 정의역 D_k를 구하시오. $x \to -\infty$와 $x \to +\infty$에 대하여 함수 f_k의 극한값을 구하고, G_k의 점근선의 방정식을 구하시오.

   b) G_k의 단조증가 또는 단조감소 여부를 조사하여라.

   [검산을 위해 : $f_k'(x) = \dfrac{2ke^x}{(e^x + k)^2}$]

   c) 그래프 G_k는 오직 점 $S_k(\ln k \mid 0)$에서만 x축과 만나고 있음을 보이시오. 점 S_k에서 그래프 G_k의 접선을 t_k라 하면, 모든 접선 t_k는 서로 평행함을 증명하시오.

d) 그래프 G_1과 G_8은 서로 만나지 않음을 보이시오.

e) $f_1(-1)$, $f_1(1)$, $f_8(3)$을 계산하시오. 그래프 G_1과 G_8의 개형을 좌표평면 위에 그리고 그래프의 점근선 및 접선 t_1, t_8과 이전까지 구한 함숫값들도 나타내시오.

f) x축 위의 모든 점들은 그래프 G_k 위를 지나고 있음을 증명하시오.

g) $x \in D_k$에 대하여 함수 $F_k : x \mapsto 2 \cdot \ln(e^x + k) - x$가 f_k의 원시함수임을 보이시오.

h) 좌표평면의 제4사분면에서 그래프 G_8과 좌표축들로 둘러싸인 부분의 넓이를 구하시오.

2. 변수 k에 대하여 음수의 값도 인정한다면, $k \in R^-$에 대한 그래프 G_k와 $k \in R^+$에 대한 그래프 G_k는 큰 차이가 있다. 두 가지 근본적인 차이점을 말하고, 자신의 답을 각각 증명하시오.

연구과제

1. 제4장에 제시된 우리나라의 수리논술 사례와 제5장에 제시된 외국의 수리논술 사례를 비교하시오.

2. 제1장에서 수리논술의 유형을 수학교과형, 통합교과형, 수리철학형의 세 가지로 구분하였다. 제5장에 제시된 외국의 수리논술 사례들을 각각 세 가지 유형 중 어느 유형에 속하는지 구분하시오.

3. 제4장, 제5장에 제시된 수리논술의 사례 중에서 자신이 생각하는 수리논술의 의미와 가장 부합하는 사례를 찾아 그 이유를 설명하시오.

4. 제5장에 제시된 나라 이외의 다른 나라의 수리논술 사례(예: 캐나다, 호주, 중국, 일본 등)를 찾아 보시오.

제3부

수리논술의 실제

제3부에서는 국내외 대학 입시에 출제된 수리논술 문제를 유형별로 접해 보고 그 문제를 해결해 봄으로써 수리논술이 무엇이며 수리논술을 어떻게 지도해야 할 것인가를 직접 경험해 보는 데 의미를 둔다. 제6장에서는 학습 과정지식 영역인 문제해결, 의사소통, 추론의 세 영역의 문제들을 다루어 보고, 제7장에서는 수학 내용 지식 영역인 대수, 해석, 기하, 확률과 통계, 응용수학의 다섯 가지 영역의 문제들을 다루어 본다.

제3부에서는 제1부에서 알아본 수리논술에 대한 이론적 지식과 제2부에서 알아본 수리논술의 사례에서 수리논술의 특성에 대한 이해를 바탕으로 하여 주어진 논제에 대하여 수리논술을 실제로 작성해보는 실습을 한다. 수리논술을 작성함에 있어서 논술의 서론, 본론, 결론을 제시하도록 하며 이때 다음 사항을 유의하도록 한다.

※ **서론의 작성**: 서론의 구성은 전반부의 도입부와 중심부 그리고 후반부의 글 안내부로 구성된다. 도입부와 중심부에서는 글 읽는 사람의 관심을 자아내는 소재를 택해 문제가 요구한 사항으로 연결되도록 해 주어야 한다. 서론의 후반부에 해당하는 글은 문제의 요구 사항에 대해 어떻게 다루겠다는 것인가를 밝혀 주는 내용이어야 한다.

※ **본론의 작성**: 본론은 주어진 논술 문제가 논의하기를 요구하는 사항을 하나하나 구체적으로 풀어내는 역할을 한다. 따라서 본론을 잘 쓰기 위해서는 이미 서론에서 언급했던 논술 문제가 요구하는 사항을 정확하게 짚어 내어 간략하게 정돈하는 것이 좋다.

※ **결론의 작성**: 결론은 서론에서 본론까지의 내용을 정리하고, 자신의 주장이나 입장을 최종적으로 재확인하고 강조하는 곳이다. 결론을 작성하는 가장 바람직한 지침은 결론 자체가 동일한 주제에 대한 아주 작은 논술이라고 생각하고 쓰는 것이다. 즉 비록 적은 분량이지만 그 안에서도 도입, 전개, 결말이 분명해야 한다는 것이다. 아울러 글의 말미에 전망을 덧붙이면 자신의 주장에 대한 확신이 있는 것처럼 보이기 때문에 글의 완성도를 높이고, 글 전체를 더 의미 있게 만들어 준다.

제6장

과정 지식의 수리논술 실제

이 장에서는 수학학의 모든 내용을 학습하는 데 있어서 공통적으로 기초를 이루고 있는 과정 지식 즉 문제해결, 의사소통, 추론에 관한 수리논술을 작성해보는 실습을 해본다.

6.1 문제해결

문제 1

항구에 있는 한 남자가 바다에 떠 있는 보트를 긴 줄을 사용하여 끌어당기고 있다. 줄을 1m 끌어당길 때 보트가 이동한 거리는 1m, 1m보다 많이, 1m보다 적게 중 어느 것인지를 말하고 그 이유를 설명하여라.

문제 상황의 이해

바닷물 위에 떠있는 보트는 그림과 같이 남자의 높이보다 아래쪽에 있다. 만약 보트와 남자가 같은 높이였다면 보트와 남자의 이동거리는 같다. 그러나 보트가 남자의 높이보다 아래쪽에 있다는 점을 이해한다.

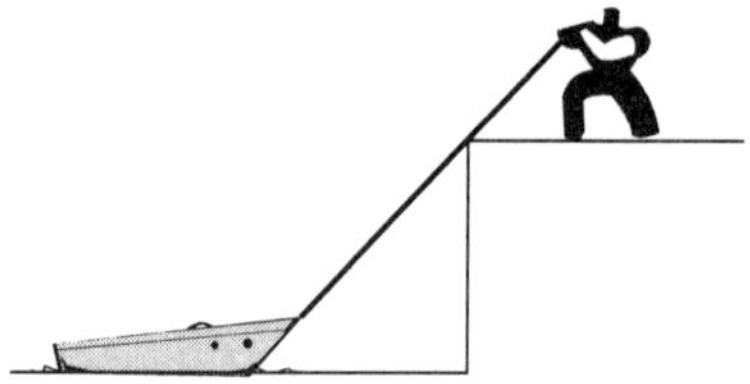

활용가능한 수학 개념

• **직각삼각형의 길이에 관한 성질**

직각삼각형에서 빗변의 길이는 다른 한 변의 길이보다 길다.

문제 2[26]

다음 제시문을 읽고 물음에 답하시오.

최종 음주 후 90분이 경과되었음이 증명되지 않는다면 그 시점에 실시된 혈액 채취로 운전자의 음주 운전 단속시 혈중 알코올 농도를 역추산해 운전 면허를 취소하는 것은 부당하다는 판결이 나왔다. 혈중 알코올 농도가 최고 수준에 이르기까지는 30~90분의 시간이 소요되는 것으로 알려져 있기 때문이다.

임 모씨는 지난 2006년 10월 경찰의 음주 단속을 받아 혈중 알코올 농도가 음주 운전 금지 기준인 0.05%보다 높은 0.056%가 나오자 측정결과에 불복해 채혈 검사를 요구했고 그 결과 음주 운전 금지 기준보다 낮은 0.049%가 나왔다. 그러나 지방경찰청은 적발 당시부터 채혈 시까지 약 15분 동안 임씨의 혈중 알코올 농도가 일정하게 감소하였을 것으로 보고 위드마크 공식에 따라 적발 당시 혈중 알코올 농도를 0.051%로 역추산해 내 2차례 음주 운전 전력이 있는 임씨의 운전면허를 취소했다. 임씨는 지방경찰청장을 상대로 자동차 운전면허취소처분 취소 소송을 부산지방법원에 냈다. 위드마크 공식이란 음주 운전자의 혈중 알코올농도가 시간당 일정하게 감소한다는 사실을 이용해 만든 공식으로 범행이나 사고 당시의 음주 상태를 추정하는 방법의 하나이다.

[1] 위 제시문에 주어진 혈중 알코올 농도를 이용하여 간단한 위드마크 공식을 만드시오.

[2] 임씨의 운전면허가 취소된 것은 적절한가? 그 적절성 여부를 제시문과 위드마크 공식을 참고하여 논하시오.

26) 부산대학교 기출문항

문제 상황의 이해

생소한 개념의 경우 제시문에 그 의미가 적혀 있으므로 이를 정확히 이해하는 것이 필요하다. 제시문에 위드마크 공식이란 음주 운전자의 혈중 알코올농도가 시간당 일정하게 감소한다는 사실을 이용해 만든 공식이라고 하였다. 따라서 시간에 따라 알코올농도가 일정하게 감소한다는 말로부터 시간과 알코올농도 사이에 일차함수 관계가 성립함을 이해해야 한다.

활용가능한 수학 개념

• 일차함수 식 구하기

y가 x에 관한 일차식 즉 $y=ax+b\ (a\neq 0)$와 같이 나타내어질 때, y를 x의 일차함수라고 한다. 일차함수 $y=ax+b\ (a\neq 0)$의 그래프는 직선으로, 이때 a는 기울기로 $\frac{(y\text{값의 변화량})}{(x\text{값의 변화량})}$이며, b는 y절편이다.

참고

• 위드마크 공식 또는 비드마크 공식(A Widmark formula)[27]

음주운전 당시의 혈중알코올 농도를 역으로 계산하는 방법이다. 즉 뺑소니 등으로 음주운전자의 호흡이나 혈액으로 음주정도를 곧바로 잴 수 없을 때 시간당 평균 0.015%씩 혈중알코올 농도가 줄어드는 것으로 보고 음주운전 당시의 혈중알코올 농도를 계산하는 방법이다. 이 공식은 1914년 독일인 비드마크가 창안한 계산방법으로 운전자가 사고 전 섭취한 술의 종류와 음주량, 체중, 성별을 조사하여 사고 당시 주취상태를 계산한다. 국내에는 경찰이 1996년 6월 음주 뺑소니 운전자를 처벌하기 위해 도입하였다.

개인에 따라 시간당 알코올 분해값이 0.008~0.03%에 분포하는 점에 착안하여 뺑소니 등으로 음주운전자의 호흡이나 혈액으로 음주 정도를 곧바로 잴 수 없을 때, 혈중알코올 농도가 평균치인 시간당 0.015%씩 감소하는 것으로 역추산하여 범행이나 사고 당시의 음주상태를 추정한다.

그러나 이 공식에 의한 음주측정치는 음주량·음주시각·평소음주정도 등 공식에 적용되는 전제사실들에 대한 엄격한 증명이 이루어지지 않으면 유죄증거가 될 수 없다는 대법원 판결이 나왔다.

---

27) 네이버 백과사전

6.2 의사소통

문제 3

친구가 여러분에게 오른쪽과 같이 휴대폰 메시지를 보내왔습니다. 어떻게 설명할지 생각하고 있는데 이 친구가 여러분 앞에 나타났습니다. 여러분이라면 이 친구의 질문에 대해 어떻게 설명하겠습니까?

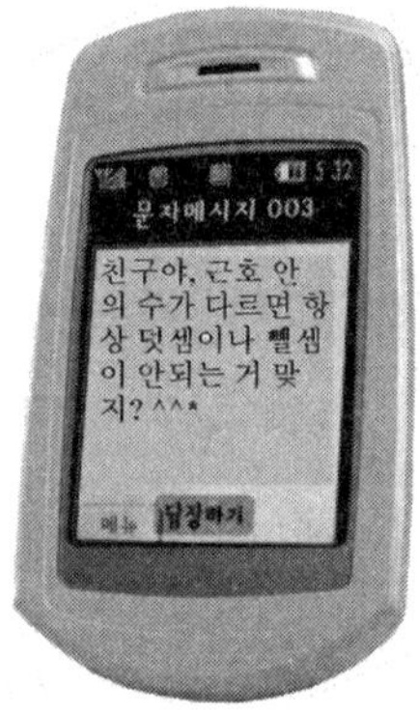

문제 상황의 이해

근호를 포함한 식의 덧셈과 뺄셈에 있어 근호 안의 수가 다른 경우 덧셈과 뺄셈이 되는지를 묻는 물음이다. 덧셈과 뺄셈이 되는지 안 되는지를 명확히 밝힐 수 있는 근거를 구체적인 예를 통해 제시하는 것이 중요하다.

활용가능한 수학 개념

• 근호를 포함한 식의 덧셈과 뺄셈

근호 부분이 같은 것은 다항식의 동류항과 같이 생각하여 덧셈, 뺄셈의 계산을 한다.

근호 안의 수에 제곱인 인수가 있으면 이것을 근호 밖으로 꺼내어 근호 안을 간단한 수로 바꾼 후 식을 계산한다.

문제 4[28)]

「수학을 하면서 기쁨을 얻을 수 있는 이유는?」

28) 프랑스의 바칼로레아 기출문제

문제 상황의 이해

수학보다는 철학에 가까운 문제로 어떠한 측면으로 기쁨을 바라보는가 그 관점에 따라 다양한 답이 나올 수 있다. 따라서 자신의 관점을 정하는 것이 필요하며 그에 따른 충분한 논리적 근거를 제시하는 것이 필요하다.

참고

공통적으로 사용해야 하는 특정한 수학 개념이 필요한 것은 아니다. 따라서 자신이 수학을 학습하면서 기쁨을 얻은 사례나 개념을 중심으로 논술문을 작성해야 한다.

6.3 추론

문제 5[29)]

제시문을 참조하여 물음에 답하시오.

> 여러 사물들은 제 각각의 특성을 지닌 채 자기만의 모양을 가지고 있다. 이러한 사물들을 이루는 가장 기본적인 요소들은 점, 선, 면이라고 할 수 있다. 그와 같은 기하학적 도형 중에서도 가장 기본적인 것은 직선과 원이다. 그리스인들은 직선과 원이야말로 기하학적 도형이며 완전하다고 생각하고 집중적으로 연구하였다. 이러한 믿음을 배경으로 그리스인들은 작도의 도구를 오직 원과 직선만을 그릴 수 있는 '자'와 '컴퍼스'에 국한시켰던 것이다. 수학적으로 모든 원은 닮은 꼴이며 같은 원에서는 어느 접점에서나 굽은 정도가 같다. 따라서 물체의 바퀴는 거의 대부분 원형이다. 또한 원은 어느 방향으로 재든지 폭(지름의 길이)은 일정하며 이 개념을 확장한 것이 정폭도형이며, 맨홀의 뚜껑 중 원모양이 많은 것은 이를 이용한 대표적인 예라고 할 수 있다.
> 원과 관련된 유용한 정리로 등주정리와 등적정리를 꼽을 수 있다. 등주정리는 같은 둘레의 길이를 가지는 도형 중에서 넓이가 최대가 되는 것은 원이라는 것이며, 등적정리는 같은 넓이를 가지는 도형 중에서 둘레의 길이가 최소가 되는 것은 원이라는 사실이다. 우리 생활 속에서 볼 수 있는 간단한 예는 <u>두루마리 화장지의 심(화장지를 감는 축)이 원형이라는 것에서 찾아볼 수 있다.</u>

– 출처: 수학으로 풀어보는 물리의 법칙, 오가미 마사시 외, 임정 역, 이지북, 2005

[1] 둘레의 길이가 일정한 직사각형 중에서 넓이가 가장 큰 것을 구하는 방법에 대하여 논술하시오.

[2] 밑줄 친 "<u>두루마리 화장지의 심(화장지를 감는 축)이 원형이라는 것에서 찾아볼 수 있다.</u>"의 이유를 논술하시오.

---

29) 경희대학교 기출문제

[3] 원과 임의의 도형을 이용하여 등주정리로부터 등적정리를 유도하는 방법과 등적정리로부터 등주정리를 유도하는 방법에 대하여 논술하시오.

문제 상황의 이해

등주정리, 등적정리와 같이 생소한 개념의 경우 제시문에 그 의미가 적혀 있으므로 이를 정확히 이해하는 것이 필요하다. 같은 둘레의 길이에 대해 최대의 넓이를 갖는 것이 원이며, 같은 넓이에 대해 최소의 둘레의 길이를 갖는 것이 원이다. 넓이와 둘레의 길이 중 하나를 고정한 후 다른 하나를 변화시킴에 의해 두 정리 사이의 관계를 추측하여 설명할 수 있다.

활용가능한 수학 개념

- **등주정리**

  같은 둘레의 길이를 가지는 도형 중에서 넓이가 최대가 되는 것은 원이다.

- **등적정리**

  같은 넓이를 가지는 도형 중에서 둘레의 길이가 최소가 되는 것은 원이다.

- **이차함수의 최솟값과 최댓값**

  이차함수 $y=a(x-p)^2+q$에 대하여

  $a>0$이면 $x=p$일 때 최솟값 q를 가지며,

  $a<0$이면 $x=p$일 때 최댓값 q를 가진다.

- **산술평균**

  $a \geq 0,\ b \geq 0$일 때,

  $a+b \geq 2\sqrt{ab}$

문제 6[30]

다음 제시문을 읽고 물음에 답하시오.

우주정거장에서 수리를 마친 우주선은 운항에 필요한 최소한의 인원만을 태우고 지구로 귀환하고자 한다. 탑승 후보로 10명의 승무원이 선정되었으며, 이들에게는 1부터 10까지의 번호가 부여되었다. A부터 I는 우주선 운항을 위하여 모두 필요한 기능이며, 승무원 각각은 세 가지 기능을 수행할 수 있다.

아래의 표는 각 후보 승무원이 수행할 수 있는 기능을 나타낸 것이다. 우주선을 운항하는 데 필요한 최소 인원의 승무원들을 선택하여 승무원들의 번호를 제시하고, 선택한 이유를 논리적으로 설명하시오.

후보 승무원 번호	1	2	3	4	5	6	7	8	9	10
수행 가능한 기능	B,E,H	D,G,H	C,E,I	B,F,G	A,G,I	B,E,F	C,G,H	B,E,I	C,F,H	A,C,I

30) 성균관대학교 기출문제

문제 상황의 이해

어려운 수학 개념에 대한 이해가 필요한 것이 아니라 주어진 조건들을 표만들기 전략과 같은 효율적인 문제 해결 전략을 이용하여 결과를 얻어내는 문제이다. 문제의 조건을 정리하면 승무원이 최소이어야 하며, A에서 I까지의 기능을 모두 담당하여야 한다는 것이다. 따라서 A에서 I까지의 기능 중 담당할 수 있는 승무원이 최소인 경우가 있는지를 먼저 찾아야 한다.

활용가능한 수학 개념

• 표 만들기 전략

수학 개념이라고는 할 수 없으나 표 만들기 전략은 주어진 문제의 정보들을 표로 나타냄으로써 그 정보들 사이의 관계를 일목요연하게 볼 수 있도록 해준다. 뿐만 아니라 문제가 쉽게 이해되고 문제를 해결하기 위하여 무엇을 해야 할지 쉽게 알 수 있게 하는 중요한 문제해결 전략 중 하나이다.

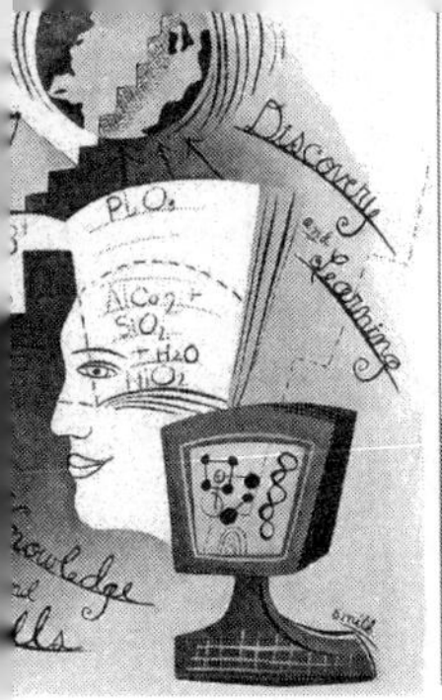

제7장

내용 지식의 수리논술 실제

이 장에서는 수학적 지식의 내용영역에 관해 대학입학시험에 출제된 바 있는 문제를 중심으로 대수, 해석, 기하, 확률과 통계, 응용수학 등의 영역별로 나누어 수리논술을 작성해 보는 실습을 해본다.

7.1 대수

문제 1[31]

다음 제시문을 읽고 논제에 답하시오.

(가) 암호란 통신문의 내용을 제삼자가 판독할 수 없도록 글자, 숫자, 부호 등으로 변형시킨 것인데 주로 군사적 목적이나 외교 통신, 전자상거래 등에 많이 이용된다. 다음과 같은 방식으로 만들어지는 암호를 생각해 보자. 먼저 알파벳 A부터 Z와 !, ?에 다음과 같이 숫자를 대응시킨다.

A	B	C	D	E	F	G	H	I	J	K	L	M	N	O	P	Q	R	S	T	U	V	W	X	Y	Z	!	?
1	2	3	4	5	6	7	8	9	10	11	12	13	14	15	16	17	18	19	20	21	22	23	24	25	26	27	28

31) 한양대학교 기출문제

이제 key를 고정된 양의 정수 k라 하고, 다음과 같은 변환 규칙에 의해 암호화한다.

변환 규칙 : 숫자 n에 대응하는 문자 → n^k을 29로 나눈 나머지에 대응하는 문자

예를 들어 key가 3인 경우, D에 대응하는 숫자가 4이므로 4^3을 29로 나눈 나머지는 6이 된다. 따라서 D는 6에 대응하는 문자 F로 변환된다.

(나) 두 정수 a, b와 양의 정수 m에 대해, $a-b$가 m의 배수(즉, $a-b=mq$인 정수 q가 존재)일 때, a와 b는 법 m에 대해 합동이라 하고 $a \equiv b \pmod{m}$으로 표기한다. 일반 등식에서와 같이 합동식에서도 다음 법칙들이 성립한다.

(i) $a \equiv a \pmod{m}$

(ii) $a \equiv b \pmod{m}$이면, $b \equiv a \pmod{m}$

(iii) $a \equiv b \pmod{m}$이고 $b \equiv c \pmod{m}$이면, $a \equiv c \pmod{m}$

(iv) $a \equiv b \pmod{m}$이고 $c \equiv d \pmod{m}$이면, $a+c \equiv b+d \pmod{m}$이고 $ac \equiv bd \pmod{m}$

(v) $ac \equiv bc \pmod{m}$이고 c와 m이 서로소이면, $a \equiv b \pmod{m}$

[1] key가 3일 때와 key가 2일 때, 통신문 'HUNT'를 변환하여 얻어진 암호문을 비교하고 발생하는 문제에 대해 논하시오.

[2] 아래 표와 (나)의 법칙들을 이용하여 4^{28}을 29로 나눈 나머지가 1임을 설명하고, 임의의 정수 a가 29의 배수가 아닐 때 a^{28}을 29로 나눈 나머지에 대하여 설명하시오.

x	1	2	3	4	5	6	7	8	9	10	12	12	13	14	15	16	17	18	19	20	21	22	23	24	25	26	27	28
$4x$ (mod29)	4	8	12	16	20	24	28	3	7	11	15	19	23	27	2	6	10	14	18	22	26	1	5	9	13	17	21	25

(여기서 $4x \pmod{29}$는 $4x$를 29로 나눈 나머지를 뜻함.)

[3] 암호문을 정확하게 해독하기 위해 key가 가져야 할 조건을 논하시오.

문제 상황의 이해

- 제시문에 나타난 여러 가지 규칙을 이용하여 문제에 접근하여야 한다.
- 나머지가 같은 수들의 특징을 살펴 제시문에 나타난 법칙을 적용한다.

활용가능한 수학 개념

- **일대일 대응**

일대일함수 중에서 치역과 공역이 같은 함수를 특히 일대일 대응이라고 한다. 곧, 치역과 공역이 같고, X의 임의의 두 원소 x_1, x_2에 대하여 $x_1 \neq x_2$이면 $f(x_1) \neq f(x_2)$일 때, 함수 f를 일대일 대응이라고 한다.

문제 2[32)]

다음 제시문을 읽고 문항별로 풀이와 함께 답하시오.

집합 X가 덧셈연산($+$)과 곱셈연산($\cdot$)에 대하여 닫혀있다고 할 때, 집합 X에 대해 다음과 같이 〈성질 1〉과 〈성질 2〉를 정의하자. (단, 0은 덧셈연산에 대한 항등원이고 연산 순서는 곱셈연산을 먼저 시행한 후에 덧셈연산을 시행한다.)

〈성질 1〉 $a, b \in X$, $b \neq 0$일 때, $a = b \cdot c + d$를 만족하는 원소 $c, d \in X$가 존재한다.

〈성질 2〉 $a, b \in X$, $b \neq 0$일 때, $a = b \cdot c + d$를 만족하는 원소 $c, d \in X$가 유일하게 존재한다.

※ 집합 X를 정수 전체의 집합 $\mathbb{Z}$라 하고 덧셈연산($+$)과 곱셈연산($\cdot$)을 각각 정수의 덧셈연산과 곱셈연산이라고 하자. 그러면 임의의 정수 a와 $b \neq 0$에 대하여 〈성질 1〉의 식 $a = b \cdot c + d$를 만족하는 정수 c와 d가 존재한다. 이때 d의 조건을 $0 \leq d < |b|$로 놓으면 $b = 3$인 경우에 d는 0, 1, 2 중 하나로 결정된다. 각각의 정수 d에 대해 집합

$$R_d = \{a \in \mathbb{Z} \mid a = 3 \cdot c + d,\ c\text{는 정수}\}, \quad d = 0,\ 1,\ 2$$

를 정의할 때 물음에 답하시오. (답안을 작성할 때 곱셈연산의 기호 $\cdot$은 생략하기로 한다.)

[1] 집합 $R_0 \cup R_1 \cup R_2$를 구하고 그 이유를 설명하시오.

[2] 서로 다른 두 정수 i, j $(0 \leq i \leq 2,\ 0 \leq j \leq 2)$에 대해 교집합 $R_i \cap R_j$를 구하고 그 이유를 설명하시오.

[3] 집합 R_0, R_1, R_2 중에서 〈성질 1〉을 만족하는 집합을 모두 찾고 그 이유를 설명하시오.

32) 광운대학교 기출문제

[4] 문항 (3)에서 〈성질 1〉을 만족하는 집합 중 〈성질 2〉도 만족하는 집합의 존재 여부를 설명하시오.

[5] 연립방정식 $\begin{cases} a_1x+a_2y=0 \\ a_3x+a_4y=1 \end{cases}$ 에서 $a_1 \in R_0$, $a_2 \in R_1$, $a_3 \in R_2$ 일 때 연립방정식이 오직 하나의 해를 갖기 위해서 a_4가 속할 수 있는 집합을 R_0, R_1, R_2 중에서 모두 찾고 그 이유를 설명하시오.

[6] 집합 $Y=R_0 \cup R_1$ 일 때 함수 $f: \mathbb{Z} \to \mathbb{Z}$ 와 $g: \mathbb{R} \to \mathbb{R}$ 를 다음과 같이 정의하자.

$$f(x)=\begin{cases} 0, & x \in Y \\ 1, & x \notin Y \end{cases} \qquad g(x)=\begin{cases} f(x), & x \in \mathbb{Z} \\ 0, & x \notin \mathbb{Z} \end{cases}$$

이때 함수 $g(x)$의 극한값이 존재하는 점들 전체의 집합 A를 구하고 그 이유를 설명하시오. (단, $\mathbb{R}$ 는 실수 전체의 집합이다.)

문제 상황의 이해

제시문에 나타난 여러 가지 규칙을 이용하여 문제에 접근해야 한다.

약수와 배수의 개념과 정수 전체의 집합에서 성립하는 나눗셈 정리를 이해해야 한다.

활용가능한 수학 개념

연립방정식의 해의 존재성과 계수들 간의 관계를 행렬을 이용하여 푼다.

문제 3[33]

다음 제시문을 읽고 물음에 답하시오.

실수 a, b가 0보다 클 때, a^b과 b^a의 크기를 비교해 보고자 한다. a값을 고정하고 b값을 변화시킬 때, a^b과 b^a의 대소 관계가 어떻게 변하는지 살펴보는 것이다. 가령 $a=3$으로 하고 b값을 변화시켜 보자. $b=2,\ 3,\ 4$이면, 다음이 성립함을 쉽게 알 수 있다.

$$3^2 > 2^3,\ 3^3 = 3^3,\ 3^4 > 4^3$$

그렇다면 $2 < b < 3$ 또는 $3 < b < 4$인 경우는 어떠할까? b가 자연수가 아닐 때 3^b과 b^3의 크기를 어떻게 비교할 수 있을까?

[1] $3^{2.5}$과 2.5^3의 크기를 비교하시오.

[2] $3^{2.4}$과 2.4^3의 크기를 비교하시오. (단, $\log 2 = 0.30102\cdots$, $\log 3 = 0.47712\cdots$)

[3] $x > 0$일 때 함수 $f(x) = x^{\frac{1}{x}}$의 증감을 조사하시오.

[4] [3]의 결과를 이용하여 3^π과 π^3의 크기를 비교하시오.

[5] 양의 실수 a에 대하여 $a^x = x^a$을 만족하고 $x \neq a$인 양의 실수 x는 몇 개인지 조사하시오. (단, $\lim_{x\to\infty} \frac{\ln x}{x} = 0$)

---

33) 한양대학교 기출문제

문제 상황의 이해

지수가 자연수, 유리수, 무리수인 예가 주어졌을 때 거듭제곱들 간의 크기를 실제 비교해 보고, 일반적인 관계식을 유도해 본다.

활용가능한 수학 개념

지수함수와 로그함수의 정의, 함수의 증감과 관련한 도함수의 활용을 적용한다.

문제 4[34]

제시문 (가)~(라)를 읽고 문제에 답하시오.

(가) **[정의: 함수의 닮은꼴/합동]** 실수 전체 집합에서 정의된 함수 $f(x)$와 $g(x)$에 대해, 어떤 세 실수 a, b, c가 존재하여 (단, $a \neq 0$), $g(x)=af(x+b)+c$의 관계가 모든 실수 x에 대해 성립한다면, 함수 $f(x)$와 $g(x)$는 서로 닮은꼴이라고 하자. 특히, $|a|=1$인 실수 a와 실수 b, c가 존재하여, 위 관계식이 모든 실수 x에 대해 성립한다면, 함수 $f(x)$와 함수 $g(x)$는 합동이라고 하자.

(나) **[예시]** $f(x)=|x|$, $g(x)=2|x|-1$, $h(x)=4-|x-1|$인 경우, $g(x)=2f(x)-1$이므로 함수 $f(x)$와 함수 $g(x)$는 서로 닮은꼴이고, $h(x)=-f(x-1)+4$이므로 함수 $f(x)$와 함수 $h(x)$는 합동이다. 이 함수들의 그래프는 아래와 같다.

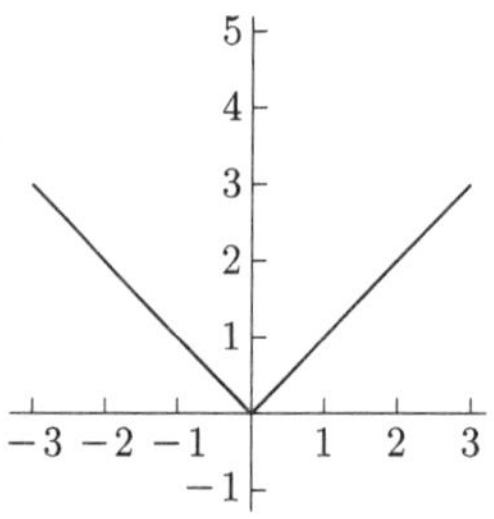

〈그림 1〉 $f(x)$의 그래프

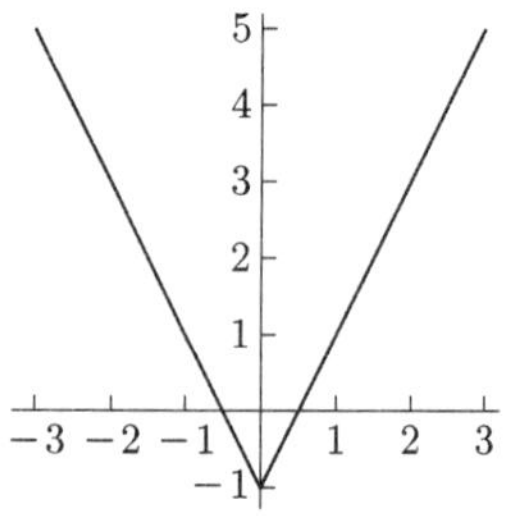

〈그림 2〉 $g(x)$의 그래프

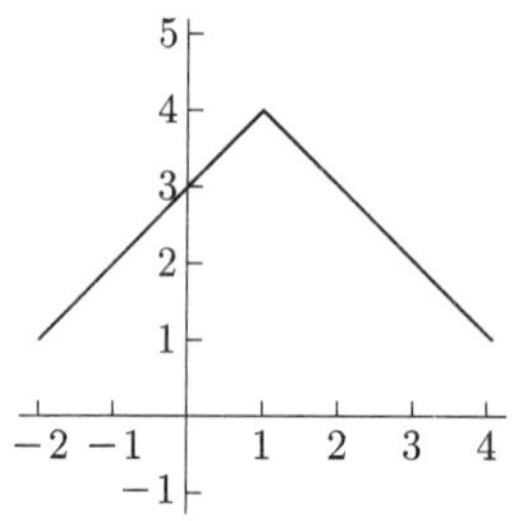

〈그림 3〉 $h(x)$의 그래프

(다) **[닮은꼴/합동의 성질]** 함수 $f(x)$와 함수 $g(x)$가 서로 닮은꼴이고 함수 $g(x)$와 함수 $h(x)$가 서로 닮은꼴이면 함수 $f(x)$와 함수 $h(x)$는 서로 닮은꼴이다. 마찬가지로 함수 $f(x)$와 함수 $g(x)$가 합동이고 함수 $g(x)$와 함수 $h(x)$가 합동이면 함수 $f(x)$와 함수 $h(x)$는 합동이다.

(라) 함수 $f(x)$가 $\lim_{x\to\infty} f(x)=\infty$이면 $f(x)$를 양으로 발산하는 함수라고 하고, $\lim_{x\to\infty} f(x)=-\infty$이면 $f(x)$를 음으로 발산하는 함수라고 한다.

---

34) 가톨릭대학교 기출문제

[1] 제시문 (가)의 정의에 따라, 함수 $F(x) = x^2$와 함수 $G(x) = px^2 + qx + r$는 서로 닮은꼴임을 논술하시오.

[2] 함수 $H(x) = x^3 + 3x^2 + 5$에 대하여 아래에 제시된 세 가지 조건을 만족하는 함수 $K(x)$는 무수히 많다. 이 중 한 함수의 식을 구하고, 구한 함수가 다음의 세 가지 조건을 만족하는지를 논술하시오.

① 함수 $H(x)$와 함수 $K(x)$는 합동이다. ② 함수 $K(x)$는 음으로 발산하는 함수이다. ③ 방정식 $K(x) = 0$은 서로 다른 세 실근을 갖고, 이 실근의 합은 0이다.

문제 상황의 이해

함수의 닮은꼴과 합동에 대해 기술된 정의를 통해 함수 간의 변환 관계를 유추하도록 한다.

활용가능한 수학 개념

평행이동, 상수곱에 대한 함수의 변환을 이해하고, 제시문에 기술된 수학적 정의를 정확히 해석하여 적용한다.

문제 5[35)]

다음 제시문을 읽고 물음에 답하시오.

(가) 좌표평면 위의 곡선은 여러 가지 방법으로 표현할 수 있다. 예를 들어, 아래의 (A), (B), (C)는 모두 동일한 반원을 나타낸다.

(A) $y=\sqrt{1-x^2}$ (단, $-1 \le x \le 1$)

(B) $x^2+y^2-1=0$ (단, $-1 \le x \le 1$, $0 \le y \le 1$)

(C) $\begin{cases} x=\cos t \\ y=\sin t \end{cases}$ (단, $0 \le t \le \pi$)

어떤 곡선을 (A)와 같이 $y=f(x)$의 꼴로 표현하면 명시적 형식, (B)와 같이 $f(x,\ y)=0$의 꼴로 표현하면 암시적 형식, (C)와 같이 $\begin{cases} x=f(t) \\ y=g(t) \end{cases}$의 꼴로 표현하면 매개변수 형식으로 곡선을 표현하였다고 하자.

(나) 점 A와 점 B를 $t:(1-t)$로 내분하는 점 C는 임의의 점 Q에 대하여 다음을 만족시킨다. (단, $0<t<1$이다.)

$$\overrightarrow{QC}=(1-t)\overrightarrow{QA}+t\overrightarrow{QB}$$

좌표평면 위의 세 점 $A(0,\ 1)$, $B(2,\ 1)$, $C(2,\ 0)$에 대하여, 점 A와 B를 $t:(1-t)$로 내분하는 점을 D라 하고, 점 B와 점 C를 $t:(1-t)$로 내분하는 점을 E라 하자. 그리고 점 D와 점 E를 $t:(1-t)$로 내분하는 점을 P라 하자. $0<t<1$에서의 점 P의 자취를 α라 할 때, [1], [2]에 답하시오.

[1] 곡선 α를 매개변수 형식으로 표현하시오. 그리고 그 결과를 이용하면 곡선 α를 다음과 같은 암시적 형식으로 표현할 수 있다.

$$x^2+a_1xy+a_2y^2+a_3x+a_4y+a_5=0 \ (단,\ 0<x<2,\ 0<y<1)$$

상수 a_1, a_2, a_3, a_4, a_5를 구하시오.

35) 단국대학교 기출문제

[2] 행렬 $\begin{pmatrix} -1 & 2 \\ 1 & -1 \end{pmatrix}$로 나타내어지는 일차변환에 의하여 α가 옮겨지는 곡선을 명시적으로 표현하면

$$y = g(x) \ (\text{단, } a < x < b)$$

이다. 상수 a, b와 함수 $g(x)$를 구하시오.

문제 상황의 이해

제시문의 정의를 이해하고 주어진 절차를 따라 곡선의 방정식을 표현할 수 있어야 한다.

활용가능한 수학 개념

벡터, 행렬의 곱셈, 일차변환을 적용하여 생성되는 곡선을 구할 수 있다.

문제 6[36]

〈그림 4〉와 같이 평면 a위에 있지 않은 한 점 $\mathrm{P}(l,\ m,\ n)$를 지나는 직선이 평면 a와 원점 O에서 수직으로 만난다. 점 P의 좌표 $l,\ m,\ n$은 모두 자연수이다. 평면 a로 나누어지는 공간의 부분 중 점 P를 포함하는 부분을 V라 하고 V는 평면 a위의 점들을 포함하지 않는다고 하자. V에 속하는 점들 중 좌표의 성분이 모두 정수인 점들의 집합을 S라 하고 Q를 S에 속하는 한 점이라 할 때 다음의 정리가 성립한다.

| 정리 1 | S에 속하는 모든 점 R이 $\overrightarrow{\mathrm{OP}} \cdot \overrightarrow{\mathrm{OQ}} \le \overrightarrow{\mathrm{OP}} \cdot \overrightarrow{\mathrm{OR}}$를 만족하면 $\overrightarrow{\mathrm{OP}} \cdot \overrightarrow{\mathrm{OQ}}$는 l의 약수이다.

| 정리 2 | S에 속하는 모든 점 R이 $\overrightarrow{\mathrm{OP}} \cdot \overrightarrow{\mathrm{OQ}} \le \overrightarrow{\mathrm{OP}} \cdot \overrightarrow{\mathrm{OR}}$를 만족하면 $\overrightarrow{\mathrm{OP}} \cdot \overrightarrow{\mathrm{OQ}}$는 $l,\ m,\ n$의 최대공약수이다.

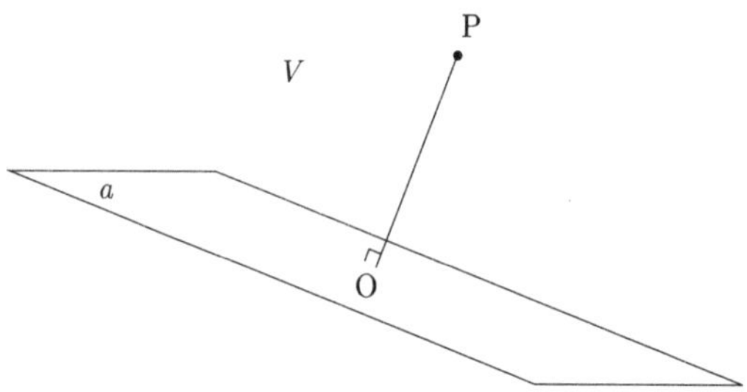

대우를 이용하여 제시문 [정리 1]이 성립함을 보이고, [정리 1]을 이용하여 [정리 2]가 성립함을 설명하시오.

36) 고려대학교 기출문제

문제 상황의 이해

수학교과형 수리논술 문항의 전형적인 문제로 제시문에 언급되어 있는 [정리 1], [정리 2]를 반드시 이해하여야 한다. [정리 1]이 성립하면 [정리 2]가 성립한다는 사실을 대우를 이용하여 설명해야 한다.

활용가능한 수학 개념

• 법선벡터

좌표공간에서 한 점 $A(x, y, z)$를 지나고 영벡터가 아닌 벡터 $\vec{n}=(a, b, c)$에 수직인 평면 α의 방정식을 구하여보자.

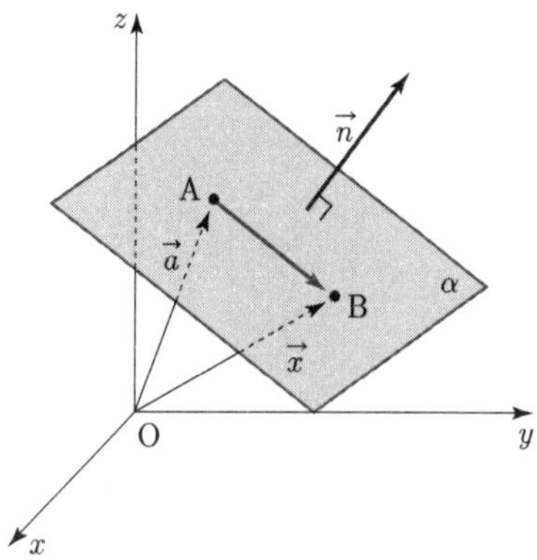

평면 α 위의 임의의 점을 $B(x, y, z)$라 하면

$$\overrightarrow{AB} \perp \vec{n}$$

이므로

$$\vec{n} \perp \overrightarrow{AB} = 0$$

따라서 두 점 A, B의 원점에 대한 위치벡터를 각각 $\vec{a}$, $\vec{x}$라 하면

$$\vec{n} \cdot (\vec{x} - \vec{a}) = 0 \qquad \cdots\cdots ①$$

으로 나타낼 수 있다.

이때 식 ①을 평면 α의 벡터방정식이라 하고 벡터 $\vec{n}$을 평면 α의 법선벡터라 한다.

• 평면의 방정식

점 $A(x_1, y_1, z_1)$을 지나고, $\vec{n}=(a, b, c)$에 수직인 평면의 방정식은

$$a(x-x_1)+b(y-y_1)+z(z-z_1)=0$$

문제 7[37)]

다음 제시문을 읽고 물음에 답하시오.

길이, 넓이, 부피, 온도, 질량과 같은 양은 단지 크기에 의해 결정될 수 있다. 그러나 변위, 속도, 힘 등의 양에는 크기와 방향 모두 필요하다. 이것을 간단히 벡터라고 한다. 벡터는 수학, 물리학, 공학, 컴퓨터 그래픽, 경영학 등 많은 영역에서 중요한 역할을 한다.

2차원 평면의 임의의 두 벡터에 대해서 내적과 거리함수를 다음과 같이 정의한다.

A. 임의의 두 벡터 $\vec{a}=(a_1,\ a_2)$, $\vec{b}=(b_1,\ b_2)$의 **내적**은 $\vec{a}\cdot\vec{b}=a_1b_1+a_2b_2$이고, $\vec{a}$와 $\vec{b}$ 사이의 **거리**는 $\|\vec{a}-\vec{b}\|=\sqrt{(a_1-b_1)^2+(a_2-b_2)^2}$이다. 이때 $\|\vec{a}\|$는 원점인 영벡터 $\vec{0}$와 벡터 $\vec{a}$ 사이의 거리이다.

B. 임의의 세 벡터 $\vec{a}$, $\vec{b}$, $\vec{c}$와 임의의 실수 k에 대해서 내적은 다음의 성질을 만족한다.

(a) $\vec{a}\cdot\vec{a}\geq 0$
(b) $\vec{a}\cdot\vec{a}=0$일 필요충분조건은 $\vec{a}=\vec{0}$이다.
(c) $\vec{a}\cdot\vec{b}=\vec{b}\cdot\vec{a}$
(d) $\vec{a}\cdot(k\vec{b}+\vec{c})=k\vec{a}\cdot\vec{b}+\vec{a}\cdot\vec{c}$

C. $\vec{a}\cdot\vec{b}=a_1b_1+a_2b_2$는 $\vec{a}\cdot\vec{b}=\begin{pmatrix}a_1 & a_2\end{pmatrix}\begin{pmatrix}1 & 0\\0 & 1\end{pmatrix}\begin{pmatrix}b_1\\b_2\end{pmatrix}$로 나타낼 수 있다.

D. 임의의 두 벡터 $\vec{a}$, $\vec{b}$와 임의의 실수 k에 대해서 거리는 다음의 성질을 만족한다.

37) 부산대학교 기출문제

(a) $\| \vec{a} \| \geq 0$

(b) $\| \vec{a} \| = 0$일 필요충분조건은 $\vec{a} = \vec{0}$이다.

(c) $\| k\vec{a} \| = |k| \| \vec{a} \|$

(d) $\| \vec{a} + \vec{b} \| \leq \| \vec{a} \| + \| \vec{b} \|$

E. 임의의 두 평면 벡터 $\vec{a} = (a_1, a_2)$, $\vec{b} = (b_1, b_2)$에 대해서 실수 $\langle \vec{a}, \vec{b} \rangle$로의 함수가 B의 성질을 모두 만족하면 **일반화된 내적**이라 한다.

F. 임의의 평면 벡터 $\vec{a} = (a_1, a_2)$에 대해서 실수 $\| \vec{a} \|$로의 함수가 D의 성질을 모두 만족하면 **일반화된 거리**라 한다.

[1] 2차 정사각 행렬 $\begin{pmatrix} a & b \\ c & d \end{pmatrix}$로부터 일반화된 내적을 $\langle (a_1, a_2), (b_1, b_2) \rangle = (a_1\ a_2)\begin{pmatrix} a & b \\ c & d \end{pmatrix}\begin{pmatrix} b_1 \\ b_2 \end{pmatrix}$로 정의할 때

(1) $b = c$임을 보이시오.

(2) $ad - bc > 0$, $a > 0$임을 보이시오.

(3) 행렬 $\begin{pmatrix} a & b \\ c & 2 \end{pmatrix}$로 정의된 내적에 대해서 $\langle (1, 1), (1, 1) \rangle = 7$일 때, 자연수 a, b, c를 구하시오.

[2] 평면 벡터 $\vec{a} = (a_1, a_2)$에 대해 일반화된 거리를 $\| \vec{a} \| = |a_1| + |a_2|$로 정의할 때,

(1) 원점 $(0, 0)$으로부터 일반화된 거리가 1인 점들이 나타내는 도형을 그리고, 주어진 도형으로 둘러싸인 영역의 넓이를 구하시오.

(2) 두 점 $(-1, 0)$, $(1, 0)$까지의 일반화된 거리의 합이 6인 점들이 나타내는 도형을 그리고, 주어진 도형으로 둘러싸인 영역의 넓이를 구하시오.

문제 상황의 이해

벡터는 수학, 물리학, 공학, 컴퓨터 프로그램, 경영학 등 많은 영역에서 중요한 역할을 한다. 2차원 평면의 임의의 두 벡터에 대한 내적과 거리함수에 대한 정의를 이해하고 문제를 해결한다.

활용가능한 수학 개념

• 내적

임의의 두 벡터 $\vec{a}=(a_1,\ a_2)$, $\vec{b}=(b_1,\ b_2)$의 내적은 $\vec{a}\cdot\vec{b}=a_1b_1+a_2b_2$이고, $\vec{a}$와 $\vec{b}$ 사이의 거리는 $\|\vec{a}-\vec{b}\|=\sqrt{(a_1-b_1)^2+(a_2-b_2)^2}$이다.

7.2 해석

문제 1[38)]

다음 제시문을 읽고 물음에 답하시오.

직선 위의 임의의 두 점을 이용하면 직선의 기울기 m을 구할 수 있다. 즉 〈그림 1〉에서 직선 $y=ax+b$의 기울기 m은

$$m=\frac{y_2-y_1}{x_2-x_1}=\frac{(ax_2+b)-(ax_1+b)}{x_2-x_1}=a$$

이다. 그런데 홍익이는 〈그림 2〉와 같은 곡선 $y=f(x)$ 위의 점 A에서의 접선의 기울기를 구할 때는 접점이 하나이므로 위와 같은 방법으로 기울기를 계산할 수 없다는 사실을 깨달았다.

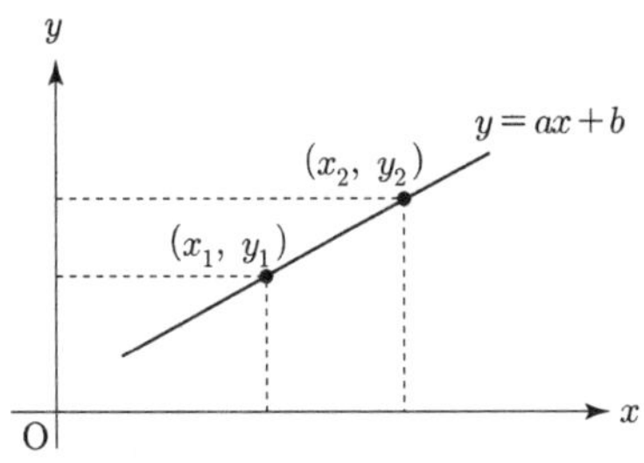

〈그림 1〉

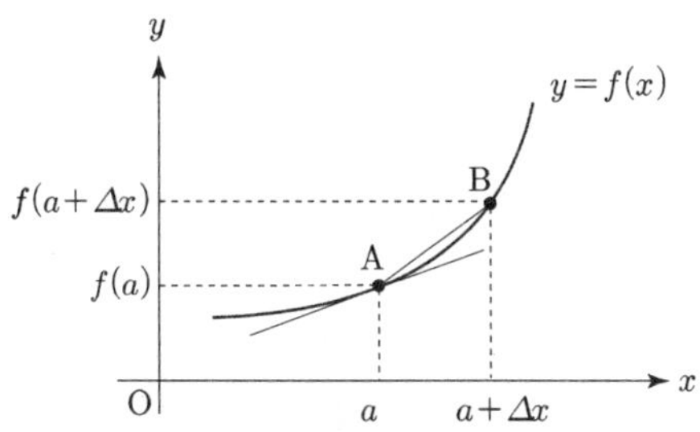

〈그림 2〉

[1] 〈그림 2〉와 같은 함수 $y=f(x)$에 대해 그래프 위의 두 점 A, B를 지나는 직선 AB의 기울기를 이용하여 점 A에서 접선의 기울기를 구하는 식을 적으시오.

[2] 위의 (가)에서 구한 식을 이용하여 $y=x^2$의 $x=a$에서의 접선의 기울기를 구하시오.

38) 홍익대학교 기출문제

함수 $y=f(x)$가 구간 $[a,\ b]$에서 연속이고 구간 $(a,\ b)$에서 미분가능할 때

$$\frac{f(b)-f(a)}{b-a}=f'(c)$$

를 만족하는 점 c가 a와 b 사이에 적어도 하나 존재한다는 것이 '평균값 정리'이다(〈그림 3〉).

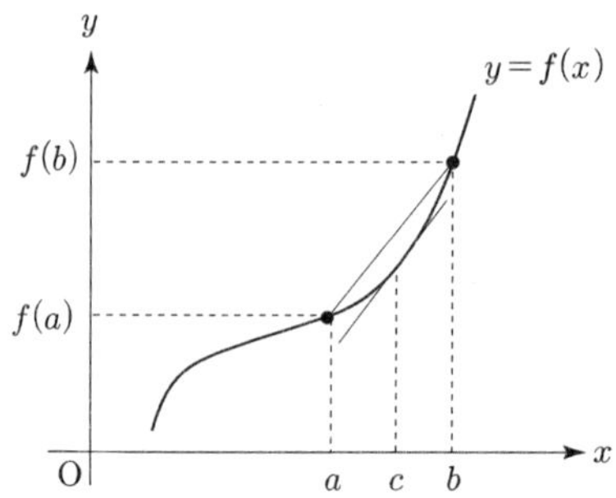

〈그림 3〉

[3] 지난 여름 폭염에 의해 전력 수요가 급증하면서 예비 전력이 낮아졌지만, 국민들의 협조하에 어려움을 극복할 수 있었다. 정부에서는 에어컨을 켠 채 문을 열고 영업을 하거나 냉방온도 제한을 위반하는 업소를 단속하는 등 강도 높은 대책으로 전력 소비 감소를 유도하였다. 예를 들어 어떤 상점의 전력 소비율을 0.5KW로 제한하였는데 전기 계량기를 확인하니 10시간 동안 6KWh를 사용한 것으로 나타났다. 이 상황에 대해 평균값 정리를 적용할 수 있다고 가정할 때 전기를 사용한 10시간 사이에 전력 소비율이 0.5KW를 초과한 시점이 있음을 보이시오(1 KWh는 1KW로 1시간 사용한 전력량이다).

문제 상황의 이해

미분의 개념을 정확하게 이해하고 있는지를 묻는 기본적인 문제이다.

활용가능한 수학 개념

함수의 그래프에서 접선의 기울기가 미분계수임 이해하고, 주어진 전력 소비 상황을 미분에 대한 평균값의 정리를 이용하여 해석할 수 있다.

문제 2[39)]

다음 제시문을 읽고 물음에 답하시오.

(가) 17세기에 페르마는 "빛이 주어진 한 지점에서 출발하여 다른 지점에 도착할 때, 이 빛은 가장 최소시간이 걸리는 경로를 따라간다"는 페르마 원리를 이야기했다.

(나) 좌스넬의 법칙이란 〈그림 1〉처럼 굴절율이 각각 n_1과 n_2로 서로 다른 균일한 매질 1과 매질 2를 빛이 통과할 때, 경계면에서 입사각 θ_1과 굴절각 θ_2 사이의 관계가 다음과 같은 식으로 표현된다는 것이다.

$$\frac{\sin\theta_1}{\sin\theta_2} = \frac{v_1}{v_2} = \frac{n_2}{n}$$

단, v_1과 v_2는 각각 매질 1과 매질 2에서 빛의 진행속력으로, 빛의 진공 중 속력을 c라 하면 각 매질에서의 속력은 $v_1 = c/n_1$과 $v_2 = c/n_2$가 된다.

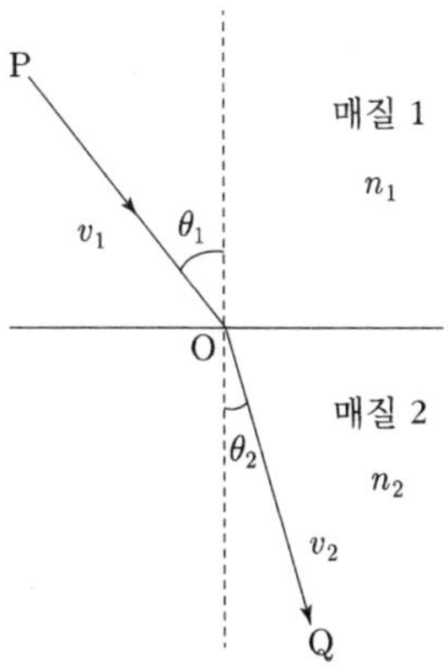

〈그림 1〉

(다) 〈그림 1〉에서 빛이 P점을 출발하여 O점을 거쳐 Q점에 도착하므로 빛이

39) 성균관대학교 예시 문항

이동한 거리는 선분 $\overline{\mathrm{PO}}$와 $\overline{\mathrm{OQ}}$의 길이를 더한 것이다.

[1] (다)를 참고하여 (가)의 페르마 원리로부터 (나)의 스넬의 법칙이 성립하는 이유를 설명하시오.

[2] 이 문제에서 얻은 과학적 지식을 활용하여, 호숫가 모래사장에 있는 사람이 호수에 빠진 다른 사람을 어떻게 최단시간에 구출할 수 있는지 논하시오.

문제 상황의 이해

- 빛이 움직이는 경로는 걸리는 시간을 최소로 하는 경로로 움직인다. 즉, 최소가 되도록 하는 경로가 페르마의 원리에 의한 빛이 움직이는 경로이다. 이러한 최솟값은 미분을 이용하여 구한다.
- 호숫가 모래사장에 있는 사람이 호수에 빠진 다른 사람을 최단시간에 구출할 수 있는지를 논술하려면 역시 최소가 되는 경로를 따라 움직여 최단시간에 구출할 수 있음에 착안한다.

활용가능한 수학 개념

- 평면 위를 움직이는 점 $P(x,\ y)$가 $x=f(t),\ y=g(t)$로 나타내어질 때

$$v_x=\frac{dx}{dt},\ v_y=\frac{dy}{dt},\ a_x=\frac{dv_x}{dt},\ a_y=\frac{dv_y}{dt}$$

(1) 속도: $\vec{v}=(v_x,\ v_y)=(f'(t),\ g'(t))$

(2) 속력: $|\vec{v}|=\sqrt{v_x^2+v_y^2}=\sqrt{f'(t)^2+g'(t)^2}$

- 미분을 이용한 최솟값을 구하는 원리를 분명히 밝히도록 한다.

문제 3[40)]

다음 제시문을 읽고 논제에 답하시오.

(A) 프랙털(fractal) 곡선은 반복적으로 자기유사성을 형성하는 기하학적 형태를 일컫는다. 아래 그림은 프랙털의 하나인 코흐(Koch) 폐곡선의 단계별 모습을 보여주고 있다. 이 폐곡선은 각 변의 길이가 1인 정삼각형을 시작으로 매 단계에서 각 선분을 3등분한 후 가운데 부분이 정삼각형의 형태로 튀어나오면서 점차 눈송이 모양으로 변화한다.

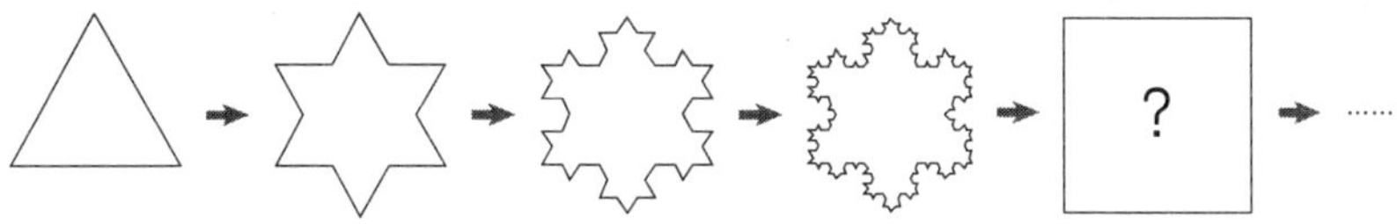

(B) 아래 그림은 유클리드 공간에서 단위 길이(= 1)로 구성된 각 도형을 각 차원에 대해 등분했을 때의 모습이다. 예를 들어, 2등분의 경우($l=2$) 1차원 선분은 길이 1/2인 2개의 선분으로 나뉘며, 2차원 정사각형은 각 변의 길이가 1/2인 $4(=2^2)$개의 정사각형으로 나뉜다. 마찬가지로 3차원 정육면체는 각 변의 길이가 1/2로 이루어진 정육면체 $8(=2^3)$개로 분할된다.

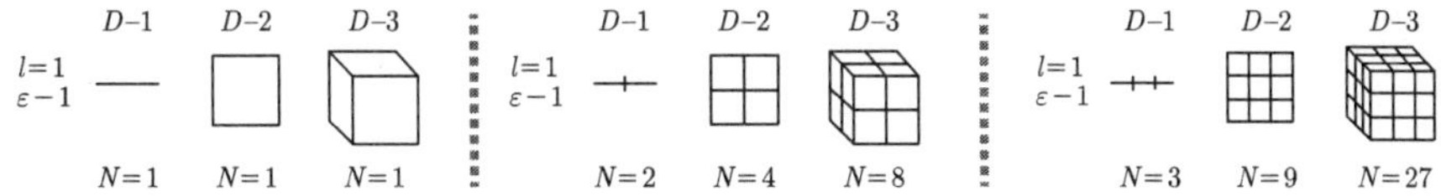

이와 같이, 유클리드 공간에서 D차원 도형을 각 차원에 대해 등분하면, 각 변의 길이가 $\epsilon(=1/l)$인 동일한 도형 N개로 나뉘며, 이때 $N=N(l)=l^D$ 또는 $N=N(\epsilon)=(1/\epsilon)^D$로 표현된다. 이를 바꾸어 생각하면, 균일하게 분할된 D차원 도형에 대해 $D=\dfrac{\log N(l)}{\log l}=\dfrac{\log N(\epsilon)}{\log(1/\epsilon)}$임을 알 수 있다. 자연수를 포함한 실수 영역으로 차원 D를 확장하면

40) 한국외국어대학교 수시 2-2

$$D = \lim_{\epsilon \to 0} \frac{\log N(\epsilon)}{\log (1/\epsilon)} = \lim_{t \to \infty} \frac{\log N(l)}{\log l}$$ 과 같이 정의할 수 있다.

[1] (A)의 그림에서 물음표(?)로 표시된 4단계에 나타날 폐곡선의 길이를 파악하는 과정을 기술하시오.

[2] (B)를 활용하여 코흐 폐곡선의 차원을 제시하시오.

[3] ∞단계에서의 코흐 폐곡선 길이와 폐곡선으로 둘러싸인 면적에 대해 기술하시오.

문제 상황의 이해

- 문제 내의 규칙을 이해하고 그 규칙을 식으로 나타낼 수 있어야 한다.
- 코흐곡선과 코흐폐곡선의 차원은 제시문에 따른 알고리즘을 이용하여 구한다.
- 논제 3의 풀이는 알고리즘의 극한을 이용하여 정확한 계산을 요구한다.

활용가능한 수학 개념

- **무한등비수열의 수렴**

$|r| < 1$일 때 $r \neq 0$인 경우 $\lim_{n\to\infty}|r^n| = 0$

문제 4[41]

다음 제시문을 읽고 물음에 답하시오.

두 개의 저항을 〈그림 1〉과 같이 연결하는 방법을 직렬 연결이라 하고, 〈그림 2〉와 같이 연결하는 방법을 병렬 연결이라 한다, 크기가 R_1과 R_2인 두 개의 저항을 직렬 연결할 때, 합성 저항 R은 각 저항의 합과 같다 $(R = R_1 + R_2)$. 그리고 크기가 R_1과 R_2인 두 개의 저항을 병렬 연결할 때, 때, 합성 저항의 역수는 각 저항의 역수의 합과 같다$\left(\frac{1}{R} = \frac{1}{R_1} + \frac{1}{R_2}\right)$.

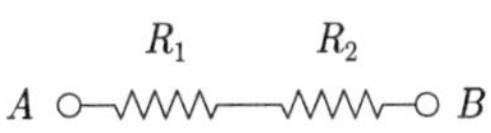

〈그림 1〉

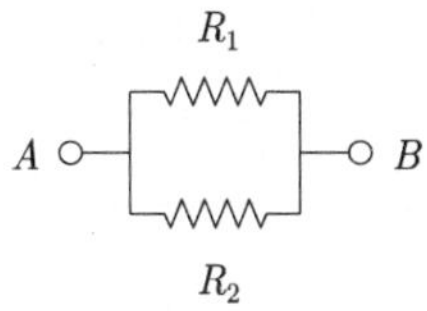

〈그림 2〉

〈그림 3〉과 같이 1Ω의 저항을 각 단계마다 계속해서 세 개씩 붙여나갈 때, 수학적 귀납법을 이용하여 A와 B 사이의 합성 저항이 감소함을 설명하고 합성 저항의 극한값에 대하여 서술하시오.

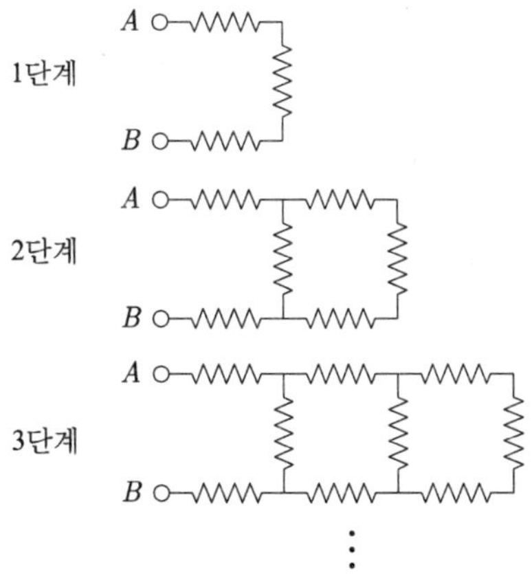

〈그림 3〉

41) 고려대학교 기출문제

문제 상황의 이해

A와 B를 연결한 저항이 어떻게 연결되었는지를 정확히 판단하는 것이 중요하다. 〈그림 1〉, 〈그림 2〉와 같이 A, B를 수평으로 양쪽 끝에 둔 그림의 형태로 〈그림 3〉을 다시 그려서 해석하면 이해하기에 더 쉽다. 예를 들어 〈그림 3〉의 1단계를 〈그림 1〉, 〈그림 2〉의 형태로 다시 그리면 다음 그림과 같다.

이렇게 그리면 직렬 연결과 병렬 연결을 쉽게 판단할 수 있으며 각 저항을 1Ω이라고 하여 합성 저항의 극한값을 구할 수 있다.

활용가능한 수학 개념

• 수학적 귀납법

임의의 자연수 n에 대하여 명제 $P(n)$이 성립함을 증명하는 방법으로 다음의 두 가지 단계를 통해 증명한다.

(1) $P(1)$이 성립한다.

(2) 명제 $P(k)$가 성립한다고 가정한다면, $P(k+1)$도 성립한다.

• 감소수열

어떤 수열이 감소수열일 때, n번째 항인 a_n의 값보다 $n+1$번째 항인 a_{n+1}의 값이 더 작다. 즉 $a_{n+1} < a_n$이다. 역도 성립한다.

• 수열의 극한값

어떤 수열 $\{a_n\}$의 극한값이 α라고 하면, $\lim_{n\to\infty} a_n = \alpha$이고 $\lim_{n\to\infty} a_{n+1} = \alpha$이다.

문제 5[42)]

다음 제시문을 읽고 물음에 답하시오.

(가) 양의 α와 β에 대하여, $\alpha\beta$는 〈그림 a〉와 같이 가로, 세로의 길이가 각각 α, β인 직사각형의 넓이가 된다.

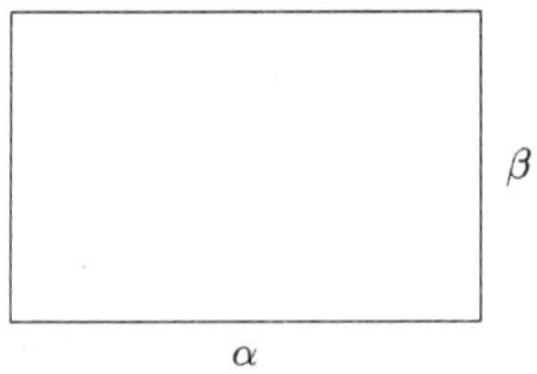

〈그림 a〉

(나) 함수 $y=f(x)$가 닫힌 구간 $[a, b]$에서 연속이고 $f(x) \geq 0$이면 정적분 $\int_a^b f(x)dx$는 〈그림 b〉와 같이 A 부분의 넓이가 된다.

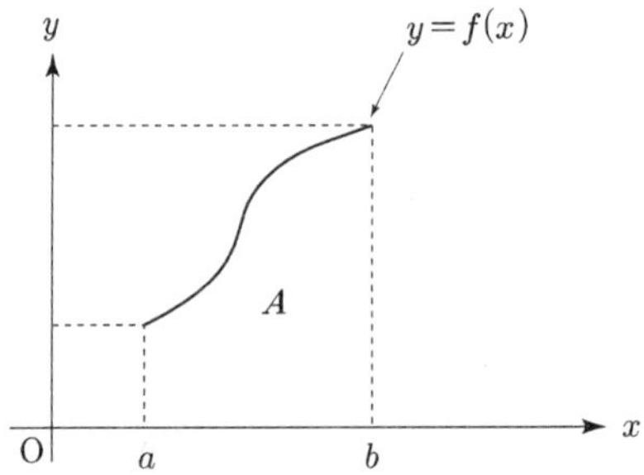

〈그림 b〉

(다) 일대일 대응인 함수는 역함수를 가진다. 예를 들어, 양수 a에 대하여 함수 $y=x^a$는 구간 $(0, \infty)$에서 일대일 대응이므로 역함수를 가지고, 그 역함수는 $y=x^{\frac{1}{a}}$이 된다.

42) 경북대학교 기출문제

[1] p는 1보다 큰 실수이고 q는 식 $\frac{1}{p}+\frac{1}{q}=1$을 만족한다고 하자. (다)에 근거하여 함수 $y=x^{p-1}$의 역함수는 $y=x^{q-1}$임을 설명하시오.

[2] 실수 p, q는 [1]의 조건을 만족하고, α와 β는 양의 실수라 하자. 정적분 $\int_0^{\alpha} x^{p-1}dx$와 $\int_0^{\beta} x^{q-1}dx$를 계산하고, 부등식

$$\alpha\beta \le \frac{\alpha^p}{p}+\frac{\beta^q}{q}$$

이 성립함을 (가), (나), (다) 및 [1]에 근거하여 설명하시오.

[3] 좌표평면 위의 두 점 $A(a_1,\ a_2)$, $B(b_1,\ b_2)$에 대하여 $c=\sqrt{a_1^2+a_2^2}$, $d=\sqrt{b_1^2+b_2^2}$라고 할 때, 두 점 $\widetilde{A}\left(\frac{a_1}{c},\ \frac{a_2}{c}\right)$와 $B\left(\frac{b_1}{d},\ \frac{b_2}{d}\right)$는 단위원 위에 존재한다. 즉, $\frac{a_1^2+a_2^2}{c^2}=1$, $\frac{b_1^2+b_2^2}{d^2}=1$이다. 이때, 부등식

$$|a_1||b_1|+|a_2||b_2| \le \sqrt{a_1^2+a_2^2}\sqrt{b_1^2+b_2^2}$$

이 성립함을 [2]의 부등식을 이용하여 설명하시오.

문제 상황의 이해

제시문의 기하학적 상황을 이해하고 물음의 문제를 대수적으로 연결할 수 있어야 한다. 역함수의 개념을 이해하고 함수의 그래프를 이해해야 한다.

활용가능한 수학 개념

- **코시-슈바르츠 부등식**

a, b, c, x, y, z가 실수일 때, 부등식

(1) $(a^2+b^2)(x^2+y^2) \geq (ax+by)^2$ (단, 등호는 $\frac{x}{a}=\frac{y}{b}$일 때 성립)

(2) $(a^2+b^2+c^2)(x^2+y^2+z^2) \geq (ax+by+cz)^2$

(단, 등호는 $\frac{x}{a}=\frac{y}{b}=\frac{z}{c}$일 때 성립)

은 모든 실수에 대하여 성립하는 절대부등식이다.

문제 6[43)]

※ 구간 $[0,\ 1]$에서 정의된 연속함수 $f(x)$는 $f(0)=1,\ f(1)=0$을 만족하는 감소함수이다. 좌표평면의 부분집합 $D=\{(x,\ y)|0\le x\le 1,\ 0\le y\le f(x)\}$에 대하여 물음에 답하시오.

[1] $0\le\theta\le\frac{\pi}{2}$인 θ에 대하여 점 $(t,0)$을 지나고 기울기가 $\tan\theta$인 직선과 영역 D의 공통부분의 길이를 $l(t)$라 하고, $S(\theta)=\int_{-\cot\theta}^{1}l(t)dt$라 하자.

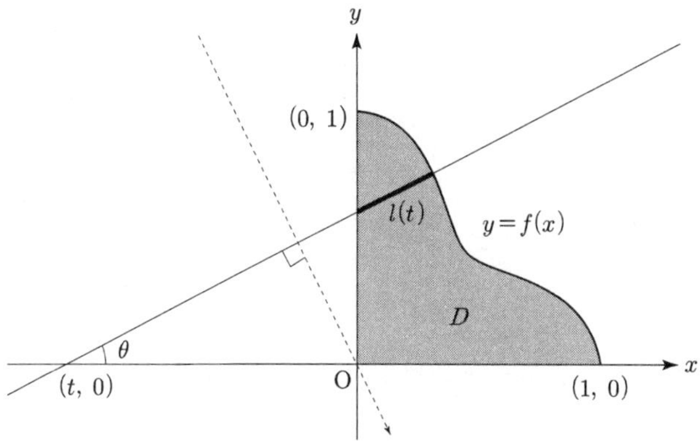

1-1 $\lim_{\theta\to\frac{\pi}{2}-0}S(\theta)$의 기하학적 의미를 설명하시오.

1-2 $S(\theta)$와 D의 넓이와의 관계를 구하시오.

[2] 함수 $f(x)$와 영역 D가 [1]의 조건을 모두 만족하고, D를 x축 둘레로 회전시켜서 생기는 회전체의 부피가 y축 둘레로 회전시켜서 생기는 회전체의 부피와 같다고 하자.

43) 서울대학교 기출문제

2-1 위 조건을 만족하는 함수 $f(x)$의 예를 들어보시오.

2-2 [2]의 조건을 모두 만족하는 함수 $f(x)$가 구간 $(0, 1)$에서 두 번 미분 가능하다고 할 때, $\int_0^1 (f(x)-x)^2 dx$의 값을 구하시오.

2-3 위 문항 2-2의 조건을 모두 만족하는 함수 $f(x)$에 대하여 $\int_0^1 f(x)dx - \int_0^1 (f(x))^2 dx$의 값이 최대가 되도록 하는 함수 $f(x)$를 모두 구하시오.

문제 상황의 이해

정적분의 개념을 문제상황에 맞게 이해하여 문제를 접근한다.

활용가능한 수학 개념

• **입체도형의 부피**

함수 $f(x)$를 x축 둘레로 회전시켰을 때의 회전체 부피를 구해보자.

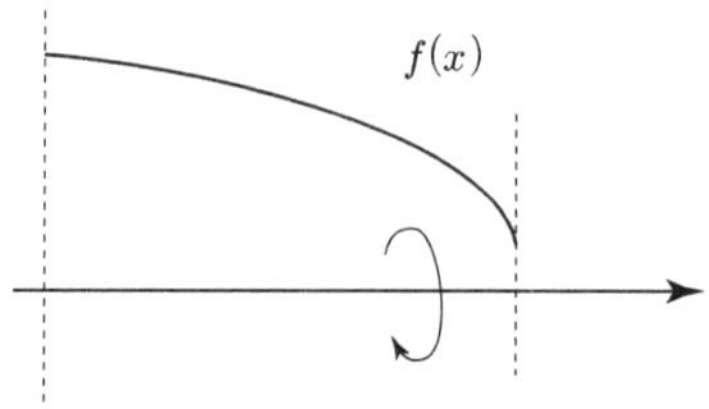

〈그림 1〉 〈그림 2〉 〈그림 3〉

함수 $f(x)$를 x축 둘레로 회전시키면 〈그림 1〉처럼 되며, 이 회전체를 x축 기준으로 n등분하면 〈그림 2〉처럼 된다. 잘린 부분 하나하나는 두께가 Δx인 원통으로 볼 수 있다(그림 3). 따라서 함수 $f(x)$를 x축 둘레로 회전시킨 회전체의 부피는

$$\lim_{n\to\infty}\sum_{k=0}^{n}\pi r^2 dx = \lim_{n\to\infty}\sum_{k=0}^{n}\pi f(x_k)^2 dx = \int_a^b \pi(f(x))^2 dx$$

이다.

문제 7[44]

함수 $y=f(x)$가 폐구간 $[a,\ b]$에서 연속일 때 함수 $f(x)$의 a에서 b까지의 정적분은 아래 왼쪽 기호로 나타내고, 그 값은 아래 오른쪽 극한값으로 주어진다.

$$\int_a^b f(x)dx = \lim_{n\to\infty}\sum_{k=1}^{n} f(x_k)\Delta x \quad (\text{단 } \Delta x = \frac{b-a}{n},\ x_k = a + k\Delta x)$$

홍길동은 장난감 자동차를 사서 4초간 1차원 운동을 시키고 다섯 번 속도를 측정하여 다음과 같은 실험 결과를 얻었다.

측정시각	0.4초	1.2초	2.0초	2.8초	3.6초
속도	0.05m/s	−1.16/ms	4.00m/s	−6.34m/s	4.00m/s

[1] 위 표로부터 이 장난감 자동차의 4초간 평균속도 $\bar{v}$와 평균이동거리(변위) $\bar{x}$를 논리적으로 추정하시오.

[2] 이 장난감 자동차의 성능이 궁금해진 홍길동이 장난감 자동차를 제작한 회사에 성능을 의뢰하였더니, 정지해 있다 출발한 경우 속도는 $v(t)=t^2\cos(\pi t)$라는 답신이 왔다. 이 회사가 생각하는 이 장난감 자동차의 첫 4초간 평균속도 $\langle v\rangle$와 이동거리 (변위)$\langle x\rangle$를 논리적으로 추정하시오.

44) 성균관대학교 기출문제

문제 상황의 이해

주어진 표를 보고 어떻게 해석하느냐에 따라 [1]의 답은 여러 가지로 나타날 수 있다. 가장 쉽게 해석하는 있는 방법은 표에 제시된 측정시각이 일정한 간격이라는 점을 이용하는 것이다. [2]의 경우는 첫 4초간의 평균속도를 구하기 위해 전체 속도의 합을 구한 후 4로 나누어야 함을 이해한다.

활용가능한 수학 개념

- **부분적분법**

부정적분의 경우

$$\int f'(x)g(x)dx = f(x)g(x) - \int f(x)g'(x)dx$$

정적분의 경우

$$\int_a^b f'(x)g(x)\,dx = [f(x)g(x)]_a^b - \int_a^b f(x)g'(x)dx$$

문제 8[45]

다음 제시문을 읽고 물음에 답하시오.

(가) 수열은 어떤 규칙에 의해 순서가 정해진 채 나열되는 수들의 집합을 의미한다. 이러한 수들의 관계가 수식으로 정의될 수 있다면 해당 수열에 대한 여러 가지 연산을 손쉽게 할 수 있다. 예를 들면, n을 자연수라 할 때 수열의 일반항 a_n이 $a_n = 2n-1$로 정의되면, 수열은 $a_1 = 1$, $a_2 = 3$, $a_3 = 5$, …과 같은 홀수들을 나타내는 것임을 쉽게 알 수 있다. 수열에 관한 이러한 식은 수들 간의 관계를 탐구하고, 이를 간결하게 정리하는 데 유용하다. 가령 57번째 수를 알고자 한다면 일반항으로부터 $a_{57} = 2 \times 57 - 1 = 113$임을 신속히 확인할 수 있다. 또한, a_1부터 a_{100}까지의 합, 즉 $a_1 + a_2 + a_3 + \cdots + a_{100} = \sum_{n=1}^{100} a_n$을 구하기 위해 a_1, …, a_{100}의 값을 일일이 구해서 합할 필요 없이 1부터 k까지 자연수의 합이 $\sum_{n=1}^{k} n = \frac{k(k+1)}{2}$ 이라는 사실을 이용하여

$$\sum_{n=1}^{100} a_n = \sum_{n=1}^{100} (2n-1) = 2\sum_{n=1}^{100} n - 100$$
$$= 100 \times 101 - 100 = 10000$$

임을 쉽게 계산해 낼 수 있다

(나) 수열들 중에는 재미있는 특성을 지닌 것도 있는데 피보나치(Fibonacci) 수열은 그 생성규칙의 특이성과 성질로 인해 문화, 예술 등에 많은 영향을 주었다. 피보나치수열은 다음과 같다.

$$b_1 = 1,\ b_2 = 1,\ b_3 = 2,\ b_4 = 3,\ b_5 = 5,$$
$$b_6 = 8,\ b_7 = 13,\ b_8 = 21,\ b_9 = 34,\ b_{10} = 55,\ \cdots$$

이 수열을 수열의 초기 값과 이웃하는 항들 사이의 관계식으로 구성되는 점화식으로 표현하면, 피보나치수열이 어떻게 생성된 것인지를 이해하기

45) 동국대학교 기출문제

가 매우 쉽다.

$$b_1 = 1,$$
$$b_2 = 1,$$
$$b_n = b_{n-2} + b_{n-1}, \qquad n = 3,\ 4,\ 5,\ 6,\ \cdots$$

즉, b_1과 b_2는 1로 주어지고, b_3부터는 앞의 두 수의 합으로 정의된다는 것을 쉽게 확인할 수 있다. 하지만 위의 점화식으로는 b_n이 얼마인지 바로 확인하는 것은 매우 어렵다. 왜냐하면 b_{n-1}과 b_{n-2}를 알아야 하는데 이 값들 역시 b_{n-3}과 b_{n-4}의 계산 없이 구할 수 없기 때문이다. 물론 일반항을 이용한다면 쉽게 계산할 수 있다. 아래와 같은 피보나치수열의 일반항은 다소 복잡해 보일 뿐만 아니라 점화식보다 피보나치수열의 생성방식을 이해하는 데는 불편하다.

$$b_n = \frac{1}{\sqrt{5}}\left[\left(\frac{1+\sqrt{5}}{2}\right)^n - \left(\frac{1-\sqrt{5}}{2}\right)^n\right], \qquad n = 1,\ 2,\ 3,\ \cdots$$

피보나치수열에서 $\lim_{n\to\infty}\frac{b_{n+1}}{b_n} = \frac{1+\sqrt{5}}{2}$은 흥미롭게도 고대 그리스인들 사이에서 가장 조화로운 비율로 믿어져왔던 황금비의 값(1.618...)과 일치한다. 이 황금비의 값은 지금까지도 미술, 음악, 역사, 간축, 생물학, 심리학 등의 다양한 영역에서 활용되고 있는데, 이 값은 피보나치수열의 점화식의 변형 $\frac{b_n}{b_{n-1}} = \frac{b_{n-2}}{b_{n-1}} + 1$과 수열의 극한 등을 이용하여 유도해 낼 수 있다.

[1] 수열을 수식으로 표현하는 두 가지 방법에 관해 제시문을 근거로 서술하시오.

[2] 피보나치수열의 점화식을 이용하여 황금비의 값을 구하는 방법에 관해 서술하시오.

문제 상황의 이해

제시문 (가)는 수열을 일반항으로 표현하는 장점을 설명하고 있으며, 제시문 (나)는 수열을 점화식으로 표현하는 장점을 설명하고 있다. 어느 표현 방법이 항상 더 낫다고는 할 수 없으며 어떤 상황에서 쓰이는 것이 장점을 살리는 것인지를 이해해야 한다. 제시문(나)는 피보나치 수열과 황금비가 관련있음을 언급하고 있으며 이 내용을 설명하도록 논제가 제시되어 있다.

활용가능한 수학 개념

• 피보나치 수열(Fibonacci sequence)

피보나치 수열은 루카스가 중세의 서적 《산반서》에 피보나치라는 사람이 토끼의 번식 과정을 수열로 표현한 것을 피보나치수열이라고 명명한 데서 비롯한 개념이다. 피보나치 수열에서 이후의 항들은 이전의 두 항을 더한 값으로 이루어진다. 이때 연속하는 두 항의 비는 황금비의 값으로 수렴한다.

• 황금비(Golden Ratio)

황금비는 선분의 분할로 주어지는데,

(전체의 길이) : (긴 길이) = (긴 길이) : (짧은 길이)

를 만족하는 분할의 비를 말한다.

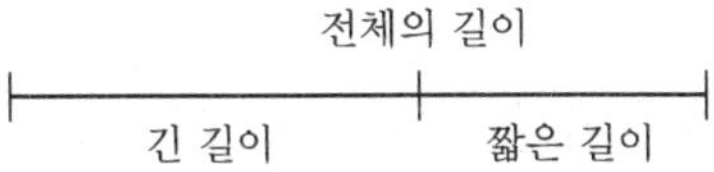

황금비를 구하면 그 비는

$$1 : \frac{-1+\sqrt{5}}{2} = \frac{1+\sqrt{5}}{2} : 1 = 1 : 0.618\cdots = 1.618\cdots : 1$$

이다.

• 수열의 극한값

어떤 수열 $\{a_n\}$의 극한값이 α 라고 하면, $\lim_{n\to\infty} a_n = \alpha$ 이고 $\lim_{n\to\infty} a_{n+1} = \alpha$ 이다.

7.3 기하

문제 1[46]

다음 제시문을 읽고 물음에 답하시오.

(가) 좌표평면 위의 두 점 사이의 거리

좌표평면 위의 두 점 $A(x_1, y_1)$, $B(x_2, y_2)$ 사이의 거리는

$$\overline{AB} = \sqrt{(x_2 - x_1)^2 + (y_2 - y_1)^2}$$

이다.

(나) 도형의 평행이동

좌표평면에서 방정식 $f(x, y) = 0$이 나타내는 도형을 x축의 방향으로 a만큼, y축의 방향으로 b만큼 평행이동한 도형의 방정식은

$$f(x-a, y-b) = 0$$

이다.

갑과 을 두 사람이 O 지점에서 축구공을 찬 후, 떨어진 지점에서 다시 한 번 차서 C 지점에 '더 가까이 도달하기' 시합을 했다.

갑이 첫 번째 찬 공은 C 방향으로 40m 날아가서 떨어졌고, 그 지점에서 두

46) 서울과학기술대 기출문제

번째 찰 때는 30m 날아가서 반직선 $\overrightarrow{\mathrm{CY}}$ 위의 A 지점에 떨어졌다. 을이 첫 번째 찬 공은 C 방향으로 60m 날아가서 떨어졌고, 그 지점에서 두 번째 찰 때는 10m 날아가서 반직선 $\overrightarrow{\mathrm{CY}}$ 위의 B 지점에 떨어졌다.

[1] A와 B 사이의 거리를 선분 OC의 길이에 대한 함수로 나타내시오.

[2] 선분 OC의 길이가 몇 미터일 때 A와 B 사이의 거리가 가장 멀어지는지 구하고, 이때 A와 B 사이의 거리를 구하시오.

문제 상황의 이해

적절한 변수를 도입하고 제시문을 활용하여 주어진 상황을 함수로 나타낼 수 있어야 한다.

활용가능한 수학 개념

- **원의 방정식**

중심이 (a, b)이고, 반지름의 길이가 r인 원의 방정식은 $(x-a)^2+(y-b)^2=r^2$이다.

문제 2[47]

원뿔에 대한 고대 그리스의 연구에 등장한 원, 포물선, 타원, 쌍곡선은 원뿔에 평면을 다양한 각도로 통과시켰을 때 나타나는 곡선이란 의미에서 원뿔곡선 또는 원추곡선이라고 부른다. 현재 사용되고 있는 원, 포물선, 타원, 쌍곡선의 어원은 고대 그리스의 수학자 아폴로니우스의 저서 《뿔 곡선론》에서 찾아볼 수 있다.

아폴로니우스는 하나의 직원뿔을 여러 가지 평면으로 잘라 이 평면이 밑면과 이루는 각이 모선과 밑면과 이루는 각보다 작은가, 같은가, 큰가에 따라서, 포물선은, “같다”는 뜻에서 parabola의 원어를 썼고, 타원은 “부족하다”는 뜻의 ellipse, 쌍곡선은 “초과한다”는 뜻의 hyperbola를 썼다.

일반적으로 수학에서는 원추곡선(원뿔곡선)을 이차곡선이라고 부르는데, 이는 원추 곡선을 좌표 평면 위에 나타내면 이차식이 되기 때문이다. 평면 위에 놓인 공의 그림자에서도 광원의 위치에 따라 다양한 이차곡선을 볼 수 있다.

포물선: 평면 위의 한 정점과 한 정직선으로부터 거리가 같은 점들의 모임
쌍곡선: 평면 위의 두 정점으로부터 거리의 차가 일정한 점들의 모임

논제: 포물선과 쌍곡선은 모양이 비슷하지만 서로 다른 성질을 갖는 곡선이다. 그 유사점과 차이점에 대하여 설명하시오.

---

47) 서울대학교 기출문제

문제 상황의 이해

논제에서 요구하는 것을 명확히 파악해야 한다. 논제에서 '모양이 비슷'이라는 표현이 있으므로 공통점에는 반드시 모양이 비슷하다는 것의 근거를 찾아 언급해 주어야 하며, '서로 다른 성질을 갖는'이라는 표현으로부터 포물선과 쌍곡선의 성질에 있어서의 차이점을 찾아 언급해야 함을 이해한다. 또한 제시문에 원뿔곡선에 대한 설명을 이용하여 언급하는 것도 필요하다.

활용가능한 수학 개념

• 이차곡선

원뿔을 그 모선과 이루는 각의 크기에 따라 평면으로 자르면 서로 다른 모양의 원뿔곡선이 생긴다. 이와 같은 원뿔곡선은 데카르트(Descartes, 1596~1650)에 의해 해석기하학이 도입되면서 x, y에 관한 이차방정식으로 표현됨이 알려졌기 때문에 이차곡선이라고 불리었다. 이차곡선에는 포물선, 타원, 쌍곡선이 있으며 그 독특한 성질로 인해 실생활의 많은 부분에서 활용되고 있다.

• 포물선

평면 위의 한 정점 F와 이 정점을 지나지 않는 한 정직선 l에 이르는 거리가 같은 점 P 전체의 집합을 포물선이라고 한다.

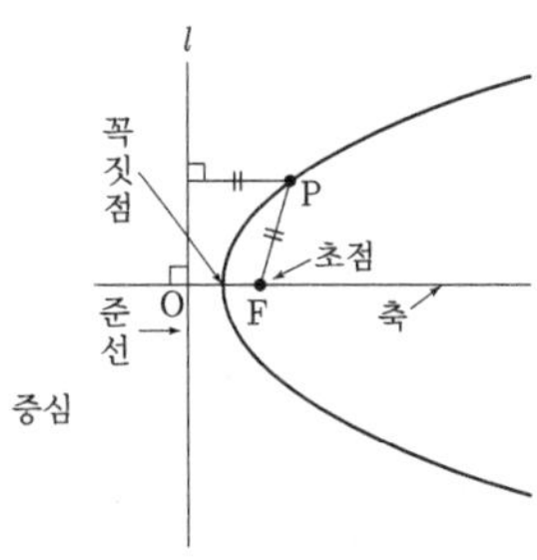

이때, 정점 F를 포물선의 초점, 정직선 l을 포물선의 준선이라고 한다. 또, 포물선의 초점을 지나고 준선에 수직인 직선을 포물선의 축, 포물선과 축의 교점을 꼭짓점이라고 한다.

• 쌍곡선

평면 위의 두 정점 F와 F′으로부터 거리의 차가 일정한 점 P 전체의 집합을 쌍곡선이라고 한다.

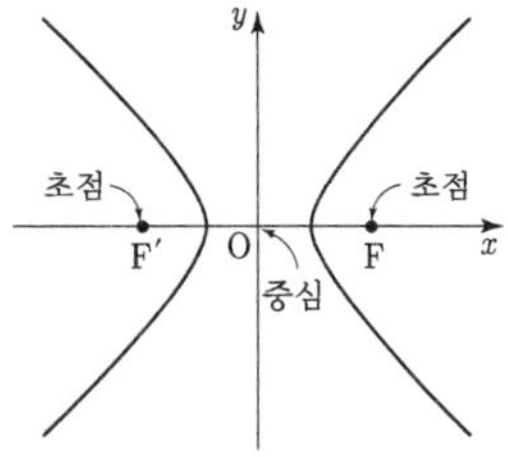

두 정점 F와 F′을 쌍곡선의 초점이라 하고, 두 초점 F, F′을 이은 선분 FF′의 중점을 중심이라고 한다.

문제 3[48)]

다음 제시문을 읽고 물음에 답하시오.

동아시아의 전통 수학인 산학에는 여러 가지 모양의 밭의 넓이를 구하는 문제가 있다. 이는 그에 대응하는 평면도형의 넓이를 구하는 문제와 같으며, 그 해법에서 평면도형의 넓이 공식을 확인할 수 있다.

산학에서는 경계의 일부 또는 전부가 곡선인 평면도형의 넓이는 근삿값을 얻을 수 있는 공식을 이용했다. 예를 들면, 오른쪽 그림과 같이 현의 길이가 a이고 현의 중심과 호의 중심을 연결한 선분인 시의 길이가 b인 활꼴 모양의 밭의 넓이 S를 다음과 같은 공식으로 구했다.

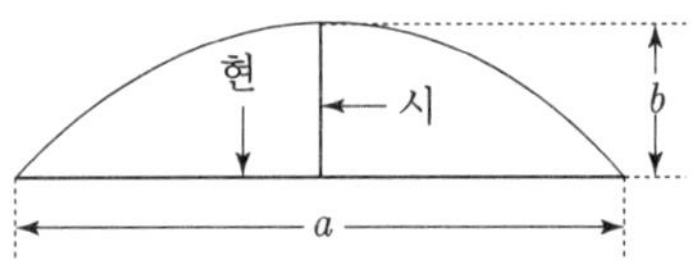

$$S = \frac{ab + b^2}{2} \quad \cdots\cdots ①$$

[1] 공식 ①로 넓이의 참값을 구할 수 있는 다각형의 예를 들어라. 그 다각형을 주어진 활꼴과 겹쳐 그려서, 두 도형의 넓이가 비슷함을 설명하시오.

[2] 원 $x^2 + (y+3)^2 = 25$와 x축으로 둘러싸인 작은 부분의 활꼴의 넓이를 공식 ①과 정적분을 이용해서 구하는 과정을 각각 설명하시오.

(단, $\sin 0.925 = 0.8$, $\cos 0.925 = 0.6$)

48) 광운대학교 기출문제

문제 상황의 이해

주어진 식을 어떻게 해석하느냐에 따라 문제 [1]에 해당하는 다각형이 달리 그려질 수 있다. 예를 들어 $S=\frac{(a+b)b}{2}$로 변형하여 삼각형의 넓이로 해석할 수도 있고, 사다리꼴의 넓이로 해석할 수도 있다. 이에 비해 문제 [2]는 정적분 문제로 전형적인 수학교과형 문항이다.

활용가능한 수학 개념

- **치환적분법**

부정적분의 경우 $\int f(g(t))g'(t)\,dt=\int f(x)\,dx$

정적분의 경우 $\int_a^b f(g(t))g'(t)\,dt=\int_{g(a)}^{g(b)} f(x)\,dx$

7.4 확률과 통계

문제 1[49)]

다음 제시문을 읽고 논제에 답하시오.

(가) 우리는 대부분의 경우 사람들과 사회적 관계 속에서 일어나는 여러 가지 사건(현상)을 경험하며 살고 있다. 이러한 관계는 구성원간의 약속을 통하여 만들어지곤 한다. 약속의 연속이 매일을 이룬다고 하여도 무방할 것이다. 다음에 제시되는 이야기는 흔히 우리가 경험하는 것인데, 이를 과학적으로 접근하여, 호기심을 가질 만한 수치를 얻고 그 의미를 찾아보기로 하자.

진우와 서희는 친구 사이로 서울의 다른 지역에 거주한다. 일요일인 오늘 진우는 서희에게 전화를 하여 지하철 신촌역 근처에 있는 서점에 들러 미분적분학 교재를 사기로 약속한다. 그들은 만남의 편리함 때문에 자주 이용하던 신촌역에서 만나기로 정한다.

(나) 두 사람은 정오부터 오후 1시 사이에 신촌역 앞에서 만나 같이 서점에 가기로 하였다. 지하철 도착시각표를 모두 잘 알고 있는 그들은 기다리는 시간을 줄이기 위하여 먼저 도착한 사람이 도착한 직후부터 정확히 10분만 기다린 후 서점으로 향하기로 하였다. 서희는 약속장소인 신촌역으로 가기 위하여 집 근처 역에서 지하철을 기다리다가 〈그림 1〉과 같이 철로변 승강장 가장자리에 걸쳐 있는 연필 한 자루를 발견하였다.

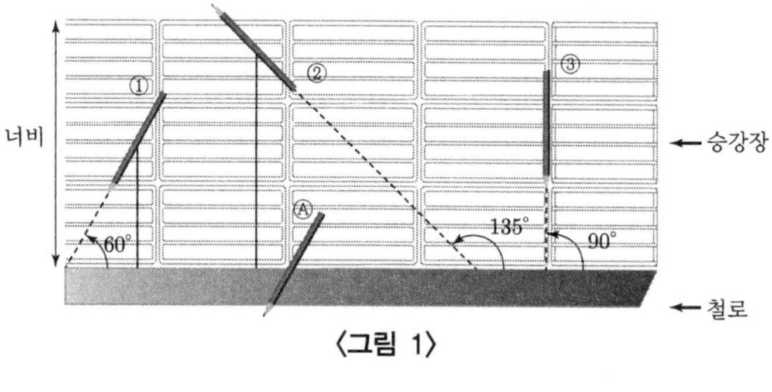

〈그림 1〉

49) 서강대학교 기출문제

(다) 얼마 후 신촌역에서 만난 두 사람은 그들이 만날 수 있다는 사실에 놀랐다. 왜냐하면 서로 10분만 기다리기로 하였기 때문에 역에서 만날 가능성이 낮을 것이라고 생각하였기 때문이다. 두 사람은 그들이 실제로 만날 수 있을 확률을 계산해 보기로 하였다. 그들은 x축, y축을 진우, 서희가 각각 도착 가능한 시간축으로 하는 표본 공간을 구성하고 둘이 만날 수 있는 경우를 생각해 보았다.

(라) 서희가 승강장의 연필 모양을 진우에게 자세히 설명하자, 두 사람은 모양 Ⓐ처럼 연필이 철로변 승강장 가장자리에 걸쳐 있을 가능성을 조사해 보기로 하였다. 이 경우 연필은 부피가 없는 길이 L인 단순 선분이라 하고, 승강장의 너비를 D라 하고, 철로변 승강장 가장자리 직선을 시초선으로 정하였다. ①, ②, ③의 예처럼, 연필의 중심으로부터 시초선까지의 거리와 연필과 시초선이 이루는 각으로 이루어진 좌표들을 표본 공간으로 고려하였다. 단, 연필의 중심은 항상 승강장에 놓인다고 가정한다.

[1] (다)를 이용하여, 두 사람이 실제로 만날 수 있는 확률값에 대하여 논술하시오.

[2] (라)를 이용하여 표본 공간을 구성하고, 연필이 승강장 가장자리에 걸쳐 있을 확률값에 대하여 논술하시오.

[3] 만약 제시문들의 내용을 서로 다른 곳에 살고 있는 세 친구의 만남으로 바꾸어 좀더 일반적인 경우로 확장하면, 그들 모두가 역에서 만날 수 있는 확률값이 어떻게 달라지는지 적절한 표본 공간을 사용하여 구체적으로 논술하시오.

문제 상황의 이해

제시문의 상황에 대해 충분히 이해하고 그 상황을 도형으로 나타내어 기하학적 확률을 구한다. 1차원과 2차원 나아가서 논제 3은 부피를 생각하는 3차원적인 확률이 된다. 고등학교에서는 논제 2까지의 기하학적 확률까지 다루나 이것을 일반화시켜 확장시키는 능력을 알아본다. 그리고 정확한 확률계산 능력을 이 문항에서는 요구하고 있다.

활용가능한 수학 개념

• 기하학적 확률

영역 U는 연속적인 변량 u를 크기로 가지고 이 영역 U에서 어느 점을 잡든 같은 정도로 확실하다고 하자. 영역 A가 영역 U에 포함되고, 그 크기가 a일 때, 영역 U에서 임의로 잡은 점 P가 영역 A에 포함될 확률을 $\frac{a}{u}$라고 정의한다.

문제 2[50]

다음 제시문을 읽고 물음에 답하시오.

> n개의 야구공이 한 상자 안에 들어 있고, 이중에 p개의 공은 결함이 있는 공이다. 야구공의 숫자와 같은 n명의 사람들이 순서대로 공을 하나씩 뽑아서 자기 것으로 가진다고 한다. 한 번 공을 뽑은 사람은 그 공을 다시 상자 안에 넣을 수 없고, 공을 뽑기 전에는 그 공의 결함 여부를 알 수 없다. 이 n명의 사람들 중에 민수가 포함되어 있다고 하자.

[1] $n=7$, $p=4$이고, 민수가 세 번째로 공을 뽑는다고 하자. 첫 번째 사람이 결함이 있는 공을 뽑았을 때, 민수가 결함이 없는 공을 뽑을 확률을 구하시오.

[2] 임의의 자연수 n과 p에 대해, 민수가 결함이 없는 야구공을 뽑기 위해서 몇 번째에 야구공을 뽑는 것이 더 유리한지, 혹은 순서에 상관이 없는지를 수학적으로 논하시오.

---

50) 성균관대학교 기출문제

문제 상황의 이해

사건이 일어날 확률을 간단한 경우에 대하여 계산한 후 일반적인 상황으로 확장시켜 본다.

활용가능한 수학 개념

주어진 문제를 일반화하는 과정에서 수학적 귀납법을 이용한다.

문제 3[51)]

다음 제시문을 읽고 물음에 답하시오.

(가) 한국 팀이 A, B, C 팀과의 개별 경기에서 이길 률은 각각 $\frac{1}{5}$, $\frac{3}{5}$, $\frac{1}{10}$ 이다. 또한 A, B, C 팀과 비길 확률은 각각 $\frac{2}{5}$, $\frac{1}{5}$, $\frac{1}{5}$이다.

(나) 한국 팀이 A, B, C 팀과 조별 경기를 한다고 하자. 한국 팀이 첫 경기에서 A, B, C 각 팀과의 이길 확률과 비길 확률은 개별 경기의 확률과 같다. 두 번째, 세 번째 경기에서 한국 팀이 이길 확률은 바로 앞서 벌어진 경기의 결과에 따라 다음과 같이 영향을 받는다.

- 직전 경기에서 이긴 경우, 다음 경기에서 이길 확률은 개별 경기에서 이길 확률의 1.3배이다.
- 직전 경기에서 비긴 경우, 다음 경기에서 이길 확률은 개별 경기에서 이길 확률의 1.1배이다.
- 직전 경기에서 진 경우, 다음 경기에서 이길 확률은 개별 경기에서 이길 확률의 0.9배이다.
- 비기는 확률은 직전 경기의 결과에 영향을 받지 않고 개별 경기에서 확률과 같다.

[1] 한국 팀의 조별 경기가 A팀, B팀, C팀의 순서로 정하여졌다. 한국 팀이 B팀과의 경기에서 질 확률을 구하시오.

[2] 한국 팀의 조별 경기가 A팀, B팀, C팀의 순서로 정하여졌다. 한국 팀이 B팀과의 경기에서 지지 않았을 때, 모든 경기에서 지지 않으면서 두 경기 이상 이길 확률을 구하시오.

[3] 조별 경기 순서를 추첨을 통하여서 결정하였을 때, 한국 팀이 첫 번째 경기를 지고, 두 번째 경기는 비기고, 마지막 경기는 이겼다고 한다. 이런

51) 연세대학교 기출문제

경우가 일어날 확률이 가장 높은 한국 팀의 경기 순서를 찾고 그 이유를 설명하시오.

문제 상황의 이해

구하고자 하는 확률이 직전 사건에 영향을 받는 상황을 이해하여 조건부확률에 관한 문제를 해결한다.

활용가능한 수학 개념

• 독립

두 사건 A, B에 대하여 한 사건이 일어나는 것이 다른 사건이 일어날 확률에 아무런 영향을 주지 않을 때, 즉

$$\mathrm{P}(B|A) = \mathrm{P}(B) \text{ 또는 } \mathrm{P}(A|B) = \mathrm{P}(A)$$

일 때, 사건 A와 사건 B는 서로 독립이라 하고, 서로 독립인 두 사건을 독립사건이라고 한다.

문제 4[52)]

다음 제시문을 읽고 물음에 답하시오.

(가) 〈표 1〉은 남아메리카 국가연합에 소속된 12개국의 면적과 인구의 통계 자료이다. 여기에 나타나는 24개의 숫자자료 중 첫 번째 자리의 숫자가 1로 시작하는 항목은 모두 8개이고, 2로 시작하는 항목은 총 5개로 첫 번째 자리의 숫자가 8이나 9로 시작하는 항목보다 훨씬 자주 나타나고 있다. 십진수로 표시된 수는 첫 번째 자리에 1부터 9까지의 9가지 숫자가 될 수 있다.

따라서 일반적인 통계자료에서 첫 번째 자리의 숫자가 1일 확률이 1/9로 나올 것으로 예상하기 쉽다. 하지만 〈표 1〉에서처럼 어떤 경우에는 자료의 값이 첫 번째 자리의 숫자가 1인 경우는 1/9보다 훨씬 많이 나타나고 반대로 9는 적게 나타난다. 이러한 현상은 하천의 길이나 호수의 넓이 등 여러 자연현상의 자료뿐만 아니라 개인의 소득, 기업의 회계자료 등 사회현상의 많은 자료에서도 공통적으로 나타난다. 미국 TV 드라마 '넘버스'에는 주인공이 통계 자료의 수가 가지는 이러한 성질을 가지고 범죄를 해결하는 이야기가 나온다. 실제로 사람이 인위적으로 고른 숫자로 만들어진 가짜 자료는 이러한 특성을 따르기가 어렵기 때문에 회계부정이나 위조 자료를 통한 의료보험의 부정수급 등을 적발하는 데 사용한다고 한다.

〈표 1〉 남아메리카 국가 연합 개요

국가	면적(km^2)	인구(백만명)	국가	면적(km^2)	인구(백만명)
가이아나	214,969	0.7	에콰도르	283,560	13.9
베네수엘라	912,046	27.9	우르과이	177,409	3.3
볼리비아	1,098,575	9.5	칠레	756,626	16.8
브라질	8,547,360	192.4	콜롬비아	1,138,906	48.2
수리남	163,270	0.5	파라과이	406,747	6.5
아르헨티나	2,780,388	39.8	페루	1,285,214	29.1

(자료출처: 《고등학교 세계 지리》)

52) 동국대학교 기출문제

(나) 자료의 어떤 통계적 특성이 단위에 의존하지 않는다는 것은 다른 단위를 사용하더라도 그 통계적 특성이 바뀌지 않는다는 것을 의미한다. 예를 들어, 길이의 통계 자료를 미터로 나타내거나 리(里) 또는 피트나 야드로 자료의 단위를 바꾸더라도 그 통계적 특성은 유지된다. 특히 경제적 가치는 각 나라의 화폐 단위로 표시되고 다른 화폐 단위로의 변경은 환율을 곱하여 이루어지는데, 환율은 거의 연속적으로 변하는 값이다.

(다) 임의의 양수 N은 $N = a \times 10^n$(n은 정수, $1 \le a \le 10$)의 꼴로 나타낼 수 있다. 따라서 N의 상용로그의 값은

$$\log N = \log(a \times 10^n) = \log a + \log 10^n = n + \log a$$

이므로 $\log N$의 값을 구하려면 상용로그표에서 $\log a$의 값을 찾고, 이 값에 정수 n을 더하면 된다. 여기서 정수 n을 $\log N$의 지표, $\log a$를 $\log N$의 가수라 한다. 이때 $1 \le a < 10$이므로 $0 \le \log a < 1$이다.

－《고등학교 수학》

(라) 연속확률변수 X의 확률밀도함수 $f(x)$에 대하여

(1) $f(x) \ge 0$

(2) 함수 $f(x)$의 그래프와 x축 사이의 넓이는 1이다.

(3) 확률 $P(a \le X \le b)$는 함수 $f(x)$의 그래프와 x축 및 두 직선 $x - a$, $x = b$로 둘러싸인 부분의 넓이이다. 즉,

$$P(a \le X \le b) = \int_a^b f(x)dx$$

－《고등학교 수학》

[1] 현재 환율이 1달러에 1,000원이라고 하자. 달러의 가치가 원화에 대비하여 매년 2/3씩 하락한다면, 10년 후와 20년 후 각각의 1달러 대비 원화 금액의 첫 번째 자리 숫자가 무엇인지 제시문 (다)에서 설명한 상용로그 가수를 이용하여 계산하시오.

(단, $\log 2 = 0.3010$, $\log 3 = 0.4771$을 사용하며, 풀이과정을 포함하여 기

술하시오.)

[2] 제시문 (가)에서 설명한 첫 번째 자리의 숫자의 분포에 대한 법칙을 상용로그 가수의 분포를 통하여 찾고자 한다. 첫 번째 자리의 숫자의 분포를 따르는 상용로그 가수의 확률변수가 제시문 (라)에서 설명한 확률밀도함수를 가진다고 하자. 제시문 (나)에서 설명한 단위에 의존하지 않는다는 가정을 이용하여 상용로그 가수의 확률밀도함수를 구하시오. 이때 첫 번째 자리의 숫자가 2일 확률을 구하시오.

문제 상황의 이해

일상생활에서 나타나는 통계적 자료를 보고 현상을 수학적으로 나타낼 수 있는지 살펴본다.

활용가능한 수학 개념

• **확률밀도함수**

구간 $[a,\ b]$의 임의의 값을 가지는 확률변수 X에 대하여 함수 $f(x)$가 구간 $[a,\ b]$에서 다음과 같은 성질을 만족한다고 하자.

① $f(x) \geq 0$

② $\displaystyle\int_a^b f(x)dx = 1$

③ $\displaystyle\mathrm{P}(\alpha \leq X \leq \beta) = \int_\alpha^\beta f(x)dx$ (단, $a \leq \alpha \leq \beta \leq b$)

이때, 함수 $f(x)$를 확률변수 X의 확률밀도함수라고 하며, X는 확률밀도함수가 $f(x)$인 확률분포를 따른다고 한다.

문제 5[53)]

다음 제시문을 읽고 물음에 답하시오.

S씨는 10여 년 전 몸에 이상을 느껴 병원을 찾아갔다. 당시 의사는 증상을 듣고 암이 의심된다며 새로 개발된 암 진단검사를 제안하였다. 이 검사의 경우 암에 걸렸을 때 양성반응이 나올 가능성은 90%이고 정상일 때(암에 걸리지 않았을 때) 양성반응이 나올 가능성은 10%라고 한다. 검사 결과, 양성으로 판정되었고 이에 S씨는 충격을 받았지만, 의사는 "S씨 연령의 여성이 암에 걸릴 가능성은 1%이고 검사 정확도가 90%이므로 설령 검사에서 양성으로 나왔더라도 진짜 암에 걸렸을 확률은 8% 정도밖에 안 되니 너무 걱정하지 말고 추가 정밀검사를 해봅시다."라고 했다. 여러 검사를 한 결과 다행히 암이 아닌 것으로 판정됐다.

S씨의 사례에서 중요한 것은 '양성반응이 나왔을 때 암일 확률'이며, 이 확률은 '$P(암|양성)$'으로 표시한다. 양성반응이 나올 확률을 $P(양성)$, 암일 확률을 $P(암)$이라 할 때,

$$P(암|양성)=\frac{P(암\cap양성)}{P(양성)}$$

이 된다. 여기에서 $P(암\cap양성)$은 암이면서 양성반응이 나올 확률이다. 위의 식을 이용하면,

$$P(양성)P(암|양성)\quad P(암\cap양성)\quad P(양성\cap암)\quad P(암)P(양성|암)$$

인 것을 알 수 있으며, 이는 아래의 식으로 변형될 수 있다.

$$P(암|양성)=\frac{P(암)P(양성|암)}{P(양성)}$$

여기서 $P(양성|암)$은 '암일 때 양성반응이 나올 확률'로 검사의 정확도인 90%이다. 결국 S씨가 검사결과에 충격을 받은 건 $P(양성|암)$과 $P(암|양성)$을 동일시했기 때문이다. 한편 $P(암)$은 암일 확률이므로 0.01이다. 암이면서 양성반응이 나올 수 있고, 정상이면서 양성반응이 나올 수 있으므로, 양성반응이

53) 숙명여자대학교 기출문제

나올 확률은 10.8%, 즉 0.108이 된다. 따라서

$$P(\text{암}|\text{양성}) = \frac{0.01 \times 0.9}{0.108} \simeq 0.083$$

이다. 즉 검사에서 양성반응이 나왔을 때 암일 확률은 약 8.3%가 된다.

[1] 최근 S씨는 비슷한 증상이 있어 이번에도 예전 병원의 그 의사를 찾아갔다. 의사의 말에 의하면, S씨 연령의 여성이 암에 걸릴 확률은 2%이고, 지난 10년 사이 진단기술의 발달로, 암에 걸렸을 때 양성반응이 나올 확률은 98%이다. 이 검사에서 양성반응이 나왔을 때 암일 확률이 40% 이상이라고 한다면 정상일 때 양성반응이 나올 확률의 최댓값이 얼마인지를 논리적으로 유도하시오.

[2] 현재 S씨와 동일한 연령의 여성이 암에 걸릴 확률은 2%이다. S씨보다 나이가 한 살 증가할 때마다 암에 걸릴 확률이 0.2% 포인트씩 증가한다고 가정하자. 만약 진단검사에서 암일 때 양성반응이 나올 확률이 99%, 정상일 때 양성반응이 나올 확률은 0.99%라고 한다면, 검사결과가 양성반응이 나왔을 때 암일 확률이 80/99보다 크게 되는 최소 연령은 현재 S씨 연령보다 얼마나 많은지(단위: 년)를 논리적으로 유도하시오(단, 최종 답은 정수로 쓰시오).

문제 상황의 이해

문제에 대한 이해와 문제가 요구하는 여러 가지 경우의 수를 파악하여 확률의 값을 구하고 질문에 대해 추측할 수 있다.

활용가능한 수학 개념

- **조건부확률**

사건 A가 일어났을 때의 사건 B의 조건부확률은

$$\mathrm{P}(B|A)=\frac{\mathrm{P}(A\cap B)}{\mathrm{P}(A)} \quad (\text{단, } \mathrm{P}(A)>0)$$

문제 6[54)]

(원문) Agricultural experts are trying to develop a bird deterrent to reduce costly damage to crops in the United States. An experiment is to be conducted using garlic oil to study its effectiveness as a nontoxic, environmentally safe bird repellant. The experiment will use European starlings, a bird species that causes considerable damage annually to the corn crop in the United States. Food granules made from corn are to be infused with garlic oil in each of five concentrations of garlic — — 0 percent, 2 percent, 10 percent, 25 percent, and 50 percent. The researchers will determine the adverse reaction of the birds to the repellant by measuring the number of food granules consumed during a two-hour period following overnight food deprivation. There are forty birds available for the experiment, and the researchers will use eight birds for each concentration of garlic. Each bird will be kept in a separate cage and provided with the same number of food granules.

(a) For the experiment, identify

i. the treatments

ii. the experimental units

iii. the response that will be measured

(b) After performing the experiment, the researchers recorded the data shown in the table below.

54) 미국의 AP(Advance Placement) 통계학 시험에 출제된 자유응답식 문항이다. AP시험은 모든 학생이 보는 전국시험이 아니라 미국 학생의 약 20%만이 보는 시험이다. 그리고 이것은 고등학교에서 AP class를 이수한 학생에게 그 이수학점을 대학에서 인정해줘야 할지를 결정하기 위한 시험이다. 대학에서 학점을 인정받기 위해서는 5점 만점에 4점 이상을 받아야 한다.

Garlic oil concentration	0%	2%	10%	25%	50%
Mean number of food granules consumed	58	48	29	24	20
Number of birds	8	8	8	8	8

i. Construct a graph of the data that could be used to investigate the appropriateness of a linear regression model for analyzing the results of the experiment.

ii. Based on your graph, do you think a linear regression model is appropriate? Explain.

문제 상황의 이해

고등학교 통계의 범위를 벗어나는 문제로 회귀분석에 관한 문제이다. 회귀분석이란 관찰된 연속형 변수들에 대해 독립변수와 종속변수 사이의 인과관계를 수학적 모델인 선형 관계식으로 나타낸 것이 얼마나 적합한지를 분석하는 방법을 말한다. 이 문제를 해결하기 위해서는 이와 같은 통계학의 지식이 필요하다.

활용가능한 수학 개념

• **선형회귀모형**

종속변수 Y와 독립변수 $X_i(i=1,\ 2,\ \cdots,p)$와 임의의 항 ε과의 관계를 다음과 같은 관계식으로 나타낸 것을 선형회귀모형이라고 한다. (단, p는 모수의 개수)

$$Y=\beta_0+\beta_1X_1+\beta_1X_1+\cdots+\beta_pX_p+\varepsilon$$

오른쪽 그림은 하나의 독립변수와 하나의 종속변수를 가진 일변수 선형회귀모형의 예이다.

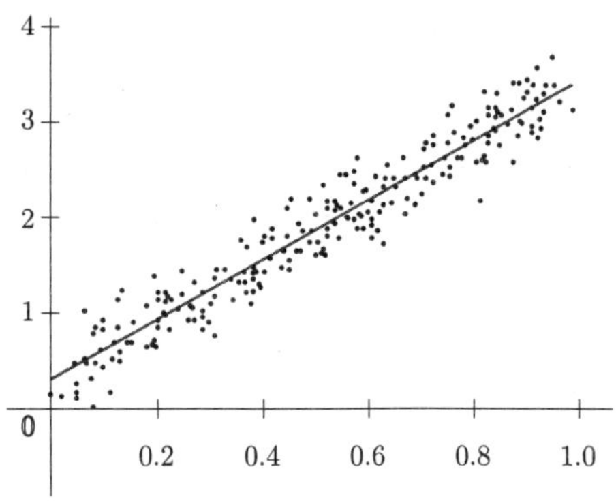

7.5 응용수학

문제 1[55]

다음 제시문을 읽고 논제에 답하시오.

(가) 평면 위의 점들을 표시하는 방법에는 우리가 흔히 쓰는 직교좌표계처럼 두 실수의 순서쌍을 이용하는 방법도 있지만 세 실수의 순서쌍을 이용하는 다음과 같은 방법도 있다. 먼저 〈그림 1〉과 같이 평면 위의 세 점 A, B, C를 한 직선 위에 있지 않도록 정하자. 이제 삼각형 ABC 내부의 점 P의 위치에 따라 삼각형 PBC, PCA, PAB의 넓이 u, v, w가 변하는데 우리는 이 순서쌍 (u, v, w)로 점 P의 위치를 나타내고자 한다. 삼각형 ABC의 넓이를 m이라고 할 때, 가령 점 P가 삼각형 ABC의 무게중심에 위치한다면 점 P를 나타내는 좌표는 $(m/3, m/3, m/3)$이 된다. 위의 정의를 확장하면 삼각형 ABC 둘레 위의 점은 물론이고, 특히 u, v, w에 음수를 허용할 경우 삼각형 ABC 외부의 점도 표현할 수 있어 결국 평면 위의 모든 점을 나타낼 수 있다. 이렇게 정의되는 평면 좌표계를 무게중심 좌표계라 한다. 〈그림 2〉에서는 넓이가 8인 삼각형 ABC 둘레 위의 점들 중에서 정수값의 좌표를 가지는 것들을 따로 표시하였다.

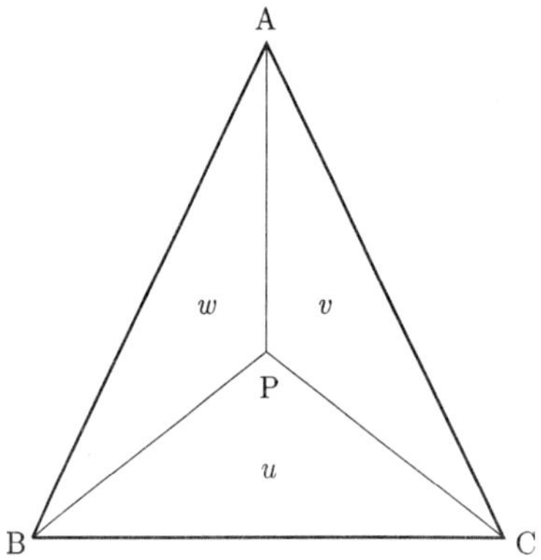

〈그림 1〉

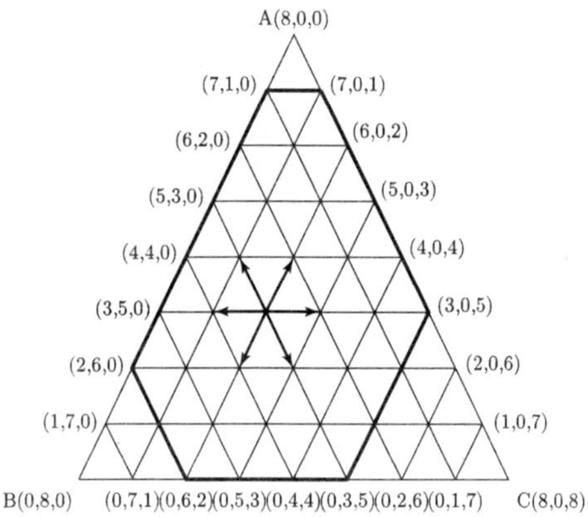

〈그림 2〉

55) 경희대학교 기출문제

(나) 무게중심 좌표계를 이용하면 컵에 든 물을 옮겨 원하는 물의 양을 얻는 문제를 편리하게 해결할 수 있다. 각각 용량이 $7l$, $6l$, $5l$인 세 개의 컵 A, B, C에 $8l$의 물을 적당히 나누어 담았다고 하자. 세 컵에 담겨 있는 물의 양을 순서대로 u, v, w라고 하면 물이 배분되어 있는 상태는 〈그림 2〉의 삼각형 ABC 위의 한 점의 무게중심 좌표에 대응된다. 먼저 삼각형 ABC의 모든 점이 물의 배분 상태에 대응되는 것은 아님에 주의하자. 예를 들어 좌표가 $(1,\ 1,\ 6)$인 점은 컵 C의 용량을 고려할 때 실현 불가능하다. 이와 같이 각 컵의 용량을 고려하여 실현 가능한 점들을 모두 찾아보면 그 분포는 〈그림 2〉의 굵은 선으로 둘러싸인 영역이 된다. 어느 한 컵에서 다른 한 컵으로 물을 옮기는 과정은 도중에 물의 손실이 없다면, 삼각형 ABC의 한 점이 적당한 규칙에 따라 이동하는 것에 대응된다. 예를 들어 점 $Q(3,\ 3,\ 2)$가 한 번의 옮겨 담기 과정으로 이동할 수 있는 방향은 〈그림 2〉에서처럼 정확히 6가지가 있고, 옮겨 담는 물의 양에 따라 실제 이동거리가 결정된다.

[1] 제시문 (가)에서 임의의 u, v, w 값에 대하여 무게중심 좌표를 $(u,\ v,\ w)$로 갖는 점이 항상 존재하는지 논하시오. 또한 u, v, w 중 어느 한 성분이 상수인 점들의 자취에 대하여 서술하시오.

[2] 평서문 (나)의 세 컵에 눈금이 없어 한 컵에서 다른 컵으로 물을 옮길 때 그 중 한 컵을 완전히 채우거나 비우는 것만 가능하다고 하자. 이러한 조건으로 물을 옮기는 과정에 대응되는, 삼각형 ABC 위에서의 이동 규칙을 유추하고, 반복시행을 통해 어느 한 컵에 정확히 $4l$의 물을 담는 것을 가능하게 하는 물의 초기 배분 상태에 관해 추론하시오.

문제 상황의 이해

• 무게중심의 좌표를 논제에서 제시한 대로 갖는 점이 항상 존재하는지 알아보려면 조건을 따져 보아야 한다.

• 옮겨 담기 과정에서 세 컵 중 하나는 그 물의 양이 변하지 않으므로 점이 움직이는 방향은 Q처럼 항상 삼각형의 한 변과 평행함에 착안한다.

• 그림을 그려서 각각의 경우를 따져본다.

활용가능한 수학 개념

• 삼각형의 중점 연결 정리

삼각형의 두 변의 중점을 연결한 선분은 나머지 변과 평행하고, 그 길이는 나머지 변의 길이의 $\frac{1}{2}$이다.

문제 2[56)]

다음 제시문을 읽고 논제에 답하시오.

(가) 현대는 디지털 시대이다. 이는 연속적인 것을 다루는 아날로그 방식의 사고에서 이산적인 사고로 전환하였음을 의미한다. 그런데 이산적이라는 것은 유한하거나 무한수열과 같이 자연수의 집합과 일대일 대응 관계에 있는 대상들을 다루는 것을 의미한다. 오늘날 이산수학은 대학에서 컴퓨터과학, 그 밖의 공학이나 통계학, 확률론 그리고 OR 등을 공부하고자 하는 학생들에게 필수과목이 되고 있다. 그런데 이산수학에서 가장 기초적이며 중요한 것 중 하나는 유한집합의 원소의 개수를 세는 것이다. 이를 위해서는 ⓐ 주어진 유한집합과 일대일 대응 관계에 있으면서(따라서 두 집합은 개수가 같다), 보다 세기가 쉬운 다른 유한집합(들)을 생각하며 이를 해결하는 것이 보통이다.

그런데 두 개의 집합 C, D가 일대일 대응이라는 것은 C에서 D로의(또는 D에서 C로의) 전단사 함수가 존재한다는 것으로, 간단히 말하자면 하나의 집합에서 다른 집합으로의 함수가 존재하고 또 이의 역함수가 존재하는 것과 같다. ⓐ에 대한 예를 들자면 ⓑ k개의 원소로 이루어진 집합으로부터 중복을 허락하여 n개를 뽑아 만든 모든 중복집합의 개수 $M(k, n)$을 구하는 문제를 생각할 수 있다(여기서 중복집합에 있어서는 동일한 원소라 하더라도 서로 다르게 보나, 원소들의 순서는 고려하지 않는다). 가령 두 개의 원소로 이루어진 집합 $\{r, s\}$에서 중복을 허락하여 순서를 고려하지 않고 세 개를 뽑아 만든 중복집합은 다음과 같이 네 가지임을 알 수 있으므로 $M(2, 3)=4$이다.

$$\{r, r, r\}, \{r, r, s\}, \{r, s, s\}, \{s, s, s\}$$

(나) 정보화시대에 살고 있는 우리는 모든 정보가 비트 수열로 변환되어 처리된다는 것을 알고 있다. 컴퓨터에 비트 수열의 상태로 자료가 저장되고, 휴대폰을 통한 음성도 비트 수열 상태로 전송된다. 예를 들어, 8개의 축

56) 서강대학교 기출문제

구팀이 있다면 각각의 팀을 000, 001, 010, 011, 100, 101, 110, 111의 총 3개의 비트로 표현할 수 있다. 철수는 확률변수 X의 값을, 현옥은 확률변수 Y의 값을 알고 있으며, 철수와 현옥 모두 X와 Y의 비트 수열 표현 방법도 알고 있다. 현옥은 확률변수 X의 값을 알기 원한다. 이를 위해 철수와 현옥은 서로 메시지를 일정 횟수만큼 교환한다. 메시지 전송이란 어느 한 사람이 다른 사람에게 비트 수열을 보내는 것을 뜻한다. 단, 메시지 하나의 비트수는 정해져 있지 않으나, 메시지 보내기의 횟수가 정해지면, 전송되는 비트의 총합의 최소화를 목표로 한다. 현옥이가 확률변수 X를 알기 위해 총 m회의 메시지를 전송하는 것을 허용할 때, 보내져야 하는 메시지들의 비트수의 총합의 최솟값을 $C_m(X, Y)$라 하자. 횟수 m이 결정되면, 철수와 현옥 사이에 오고 가는 메시지의 방법이 정해지며, 이는 철수와 현옥에게 모두 공개된다. 예를 들어, 총 2회의 메시지가 허용된다면, 첫 번째 메시지와 두 번째 메시지가 각각 의미하는 것을 철수와 현옥 모두가 안다.

[1] 집합 A를 k개의 원소로 이루어진 집합으로부터 중복을 허락하여 n개를 뽑아 만든 모든 중복집합들의 모임이라고 하자. 집합 A와 아래의 집합 B는 일대일 대응 관계에 있다. 이에 대해 논술하시오(ⓐ 참조).

$$B = \{(b_1, b_2, \cdots, b_k) \mid b_1, b_2, \cdots, b_k \text{는 양의 정수}, b_1 + b_2 + \cdots + b_k = n + k\}$$

[2] 위 [1]의 집합 A와 집합 B 사이의 일대일 대응 관계를 이용하고, 또 집합 B와 일대일 대응 관계에 있는 다른 구체적 대상의 예를 찾아서, 이들을 이용하여 ⓑ의 $M(k, n)$을 구하는 문제에 대하여 논술하시오.

문제 상황의 이해

- 이 문제는 일대일 대응관계를 충분히 이해하고 이용해야 하며 집합의 원소의 개수를 중복조합에 접목시켜 해결해야 한다.
- 제시문 (나)에서는 정보가 비트수열의 상태로 저장, 전송되는 상황을 예를 들어 제시하며, 두 사람 사이의 메시지 전송 시 비트의 총합의 최소화를 목표로 함을 언급하여 문제 상황을 설정하고 있다. 문자를 2회 만에 전송할 때 사용되는 비트 수의 효율성을 계산하는 능력을 평가한다.

활용가능한 수학 개념

• 중복조합

서로 다른 n개의 원소 중에서 중복을 허락하여 r개를 택하는 조합을 중복조합이라 하고, 이 중복조합의 수를 ${}_n\mathrm{H}_r$로 나타내며 ${}_n\mathrm{H}_r = {}_{n+r-1}\mathrm{C}_r$로 계산한다.

• 일대일 함수와 일대일 대응

정의역의 서로 다른 두 원소에 대한 함숫값이 서로 다를 때, 곧 X의 임의의 두 원소 x_1, x_2에 대하여

$$x_1 \neq x_2 \text{ 이면 } f(x_1) \neq f(x_2)$$

일 때, 함수 f를 일대일함수라고 한다.

또한, 〈그림 2〉와 같이 일대일 함수인 $f: X \to Y$의 치역과 공역이 같을 때, 함수 f를 일대일 대응이라고 한다. 일대일 대응 $f: X \to Y$는 다음을 만족한다.

(i) X의 임의의 두 원소 x_1, x_2에 대하여 $x_1 \neq x_2$이면 $f(x_1) \neq f(x_2)$이고,

(ii) 치역과 공역이 같다.

문제 3[57)]

다음 제시문을 읽고 물음에 답하시오.

(가) 평면의 한 부분집합 S를 생각하자. 우리는 S를 한 점을 중심으로 회전이동하거나, 어떤 직선에 대하여 대칭이동한 결과가 여전히 S와 같은 집합이면 S가 각각 회전변환과 선대칭변환에 대한 대칭성을 가진다고 말한다. 예를 들어 〈그림 1〉의 검은 부분을 S라 하면 S는 직선 l에 대하여 대칭이동을 하여도 여전히 S와 같은 집합이므로 S는 선대칭변환에 대한 대칭성을 가진다. 〈그림 2〉의 정삼각형은 무게중심을 중심으로 120°만큼 회전이동하면 여전히 같은 삼각형이므로 회전변환에 대한 대칭성을 가진다. 하지만 〈그림 3〉의 경우에는 어떤 대칭성도 찾을 수 없다.

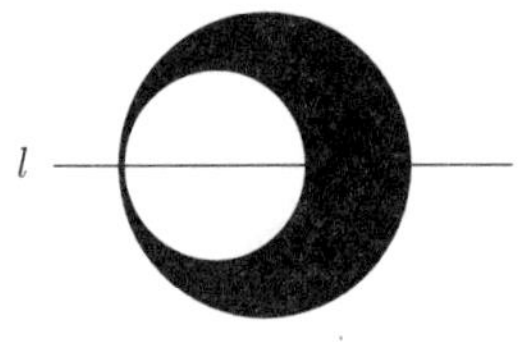

〈그림 1〉

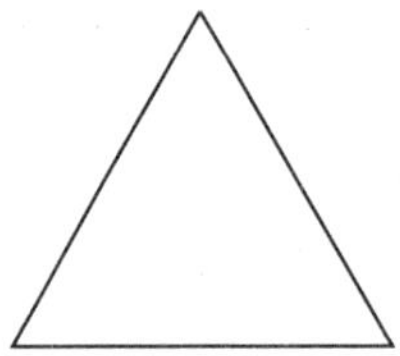

〈그림 2〉

〈그림 3〉

주어진 집합의 대칭성을 알아내는 일은 어려워 보이지 않는다. 그렇다면 평면의 한 부분집합 A를 포함하며 주어진 변환들에 대하여 대칭성을 가지는 최소의 집합 $S(A)$를 만들 수 있을까?

❙ 예제 1 ❙ 집합 A를 xy평면의 한 점 $P(1,\ 0)$로 이루어진 집합이라고 하자. 그리고 평면 위의 점들을 원점을 중심으로 하여 (시곗바늘이 도는 방향과 반대인 방향으로) 120°만큼 회전이동하는 변환 ρ가 주어졌다고 하자. 집합 A에 필요한 원소들을 추가하여 변환 ρ에 대하여 대칭성을 가지는 최소의 집합 $S(A)$를 구해 보자. 점 $P(1,\ 0)$를 원점을 중심으로 120°만큼 회전시키면 $\rho(1,\ 0)=\left(-\frac{1}{2},\ \frac{\sqrt{3}}{2}\right)$이므로 점 $P_1\left(-\frac{1}{2},\ \frac{\sqrt{3}}{2}\right)$

57) 아주대학교 기출문제

은 반드시 $S(A)$의 원소이어야 하며, $P_1\left(-\frac{1}{2}, \frac{\sqrt{3}}{2}\right)$을 120°만큼 회전시키면 $\rho\left(-\frac{1}{2}, \frac{\sqrt{3}}{2}\right)=\left(-\frac{1}{2}, \frac{\sqrt{3}}{2}\right)$이므로 $P_2\left(-\frac{1}{2}, -\frac{\sqrt{3}}{2}\right)$도 $S(A)$의 원소이어야 한다. 이제 집합 $\left\{P(1, 0), P_1\left(-\frac{1}{2}, \frac{\sqrt{3}}{2}\right), P_2\left(-\frac{1}{2}, -\frac{\sqrt{3}}{2}\right)\right\}$은 변환 ρ에 대하여 대칭성을 가짐을 쉽게 알 수 있으며 따라서 $S(A)=\left\{P(1, 0), P_1\left(-\frac{1}{2}, \frac{\sqrt{3}}{2}\right), P_2\left(-\frac{1}{2}, -\frac{\sqrt{3}}{2}\right)\right\}$이다.

(나) 우리는 평면에서의 대칭성을 일반적인 집합에서의 대칭성으로 확장하여 생각할 수 있다. 전체집합 U와 U에서 U로의 일대일 대응 $F: U \to U$가 주어졌다고 하자. S가 U의 한 부분집합일 때 함수 F가 S에 작용하여 얻어진 집합을 다음과 같이 표시하기로 하자.

$$F(S) = \{ F(S) \mid s \in S \}$$

$F(S)$가 S와 여전히 같은 집합이면 S는 함수 F에 대한 대칭성을 가진다고 한다.

▌예제 2▐ 집합 X를 1부터 5까지의 자연수 집합 그리고 f와 g는 다음과 같이 정의된 X에서 X로의 일대일 대응이라 하자.

$$f(1)=2,\ f(2)=1,\ f(3)=3,\ f(4)=4,\ f(5)=5,$$
$$g(1)=2,\ g(2)=3,\ g(3)=4,\ g(4)=5,\ g(5)=1.$$

X의 세 부분집합을 $S_1=\{1\}$, $S_2=\{1, 2\}$, $S_3=\{1, 2, 3, 4, 5\}$라 하면 1은 S_1의 원소이지만 $f(1)\notin S_1$, $g(1)\notin S_1$이므로 S_1은 f에 대한 대칭성도 g에 대한 대칭성도 가지지 않는다. 한편 $f(S_2)=\{f(1), f(2)\}=\{2, 1\}=S_2$이므로 S_2는 f에 대한 대칭성은 가지지만, $g(2)=3\notin S_2$이므로 g에 대한 대칭성은 가지지 않는다. 그리고 S_3는 f와 g에 대한 대칭성을 모두 가짐을 확인할 수 있다.

주어진 n개의 대상으로부터 중복을 허락하여 r개를 뽑는 것을 n개 중

r개를 택하는 중복조합이라 부른다. 중복조합을 표시하는 방법으로 우리는 $[a_1; a_2; \cdots ; a_r]$과 같은 방법을 쓰기로 한다. 예를 들어 2개의 문자 a, b 중에서 3개를 택하는 중복조합에는 [a; a; a], [a; a; b] 등이 있으며 [a; a; b]는 [a; b; a]와 같은 중복조합이다. 중복조합들을 원소로 갖는 집합의 대칭성을 알아보기로 하자.

▌예제 3▐ 집합 M을 1부터 5까지의 자연수에서 중복을 허락하여 4개의 수를 선택하여 만든 중복조합들을 원소로 가지는 집합이라 하자. f와 g가 예제 2에 주어진 함수일 때, F와 G는 다음과 같이 정의된 M에서 M으로의 함수라 하자. $[a;b;c;d] \in M$가 1부터 5까지의 자연수에서 중복을 허락하여 4개의 수를 선택하여 만든 중복조합일 때,

$$F([a;b;c;d]) = [f(a);f(b);f(c);f(d)]$$
$$G([a;b;c;d]) = [g(a);g(b);g(c);g(d)].$$

예를 들어 $[1;1;3;5]$는 M의 한 원소이며

$$F([1;1;3;5]) = [f(1);f(1);f(3);f(5)] = [2;2;3;5]$$
$$G([1;1;3;5]) = [g(1);g(1);g(3);g(5)] = [2;2;4;1]$$

이다. M의 한 부분집합 C가

$$C = \{[1;1;2;3],\ [2;2;3;4],\ [3;3;4;5],\ [4;4;5;1],\ [5;5;1;2]\}$$

일 때 C는 F에 대한 대칭성을 가지지 않지만 G에 대한 대칭성을 가진다.

[1] 평면 위의 점들을 원점을 중심으로 하여 (시곗바늘이 도는 방향과 반대인 방향으로) 90°만큼 회전이동하는 변환을 α, 평면 위의 점들을 y축에 대하여 대칭이동시키는 변환을 β라 하자.
두 변환 α와 β를 차례로 적용하는 변환 $\gamma = \beta \circ \alpha$는 직선에 대하여 대칭이동을 하는 변환이다. 선대칭변환 γ는 어떤 직선에 대한 대칭변환인가?
(1) 평면의 한 부분집합 T는 두 변환 α와 β 모두에 대한 대칭성을 가지

는 집합이다. 집합 T는 변환 $\gamma=\beta\circ\alpha$에 대해서도 대칭성을 가지는가?

(2) α와 β 모두에 대한 대칭성을 가지고 집합 $\{Q(3,\ 4)\}$를 포함하는 최소의 집합을 구하시오.

[2] 예제 3의 C를 포함하며 F에 대한 대칭성을 가지는 최소의 집합 $S(C)$를 구하시오.

[3] 집합 U를 1부터 4까지의 자연수에서 중복을 허락하여 4개의 수를 선택하여 만든 중복조합들의 모임이며 $\phi_1,\ \phi_2,\ \phi_3 : \{1,\ 2,\ 3,\ 4\}\to\{1,\ 2,\ 3,\ 4\}$는 각각 1과 2, 2와 3, 3과 4를 서로 맞바꾸어주는 {1, 2, 3, 4}에서 {1, 2, 3, 4}로의 일대일 대응이라 하자.

x	1	2	3	4
$\phi_1(x)$	2	1	3	4
$\phi_2(x)$	1	3	2	4
$\phi_3(x)$	1	2	4	3

$\Phi_1,\ \Phi_2,\ \Phi_3 : U\to U$는 다음과 같이 정의된 U에서 U로의 일대일 대응이다.

$$[a;b;c;d]\in U\text{에 대하여}$$
$$\Phi_i([a;b;c;d])=\ [\Phi_i(a);\Phi_i(b);\Phi_i(c);\Phi_i(d)],\ i=1,2,3$$

U의 부분집합 $D=\{[2;3;3;4]\}$를 포함하며 $\Phi_1,\ \Phi_2,\ \Phi_3$에 대하여 대칭성을 가지는 최소의 집합 $S(D)$의 원소의 개수를 구하시오.

문제 상황의 이해

도형의 대칭이동, 회전이동을 이해하고, 대칭변환과 회전변환을 식으로 나타내는 방법을 생각해 본다.

활용가능한 수학 개념

좌표평면 위의 점을 직선이나 점에 대하여 대칭인 점으로 옮기는 변환을 대칭변환이라고 한다.

문제 4[58)]

다음 각 제시문을 읽고 해당 물음에 답하시오.

(가) 다음은 이동통신회사 A의 휴대폰요금제에 대한 설명이다.

- 절약요금제: 월 기본료는 13,000원이다. 통화당 기본 요금은 20원이고 통화시간이 10초 경과할 때마다 20원씩 추가된다. 통화당 10초 미만으로 통화할 경우는 통화당 기본요금인 20원이 부과된다. 통화시간에 따른 통화당 요금은 〈그림 1〉과 같이 나타날 수 있다.

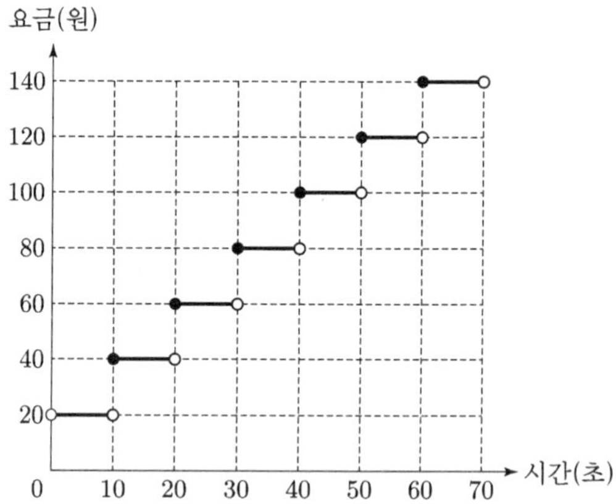

〈그림 1〉

- 알뜰요금제: 월 기본료는 12,000원이며, 통화당 요금은 (통화시간)× (2.5)원으로 부과된다.

(나) 민수는 현재 이동통신회사 A의 절약요금제를 이용하고 있으며, 통화당 54~64초씩 매달 99건의 통화를 한다. 〈그림 2〉는 민수의 통화내역에 대한 도수분포를 나타낸 것이다.

58) 경북대학교 기출문제

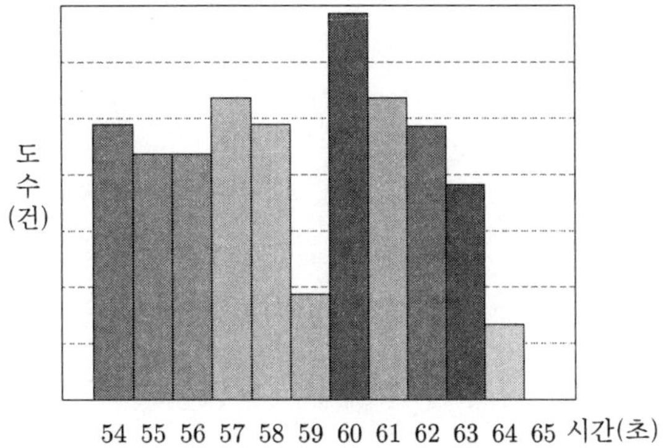

〈그림 2〉

[1] 통화시간 t초에 대한 절약요금제 통화당 요금을 $f(t)$, 알뜰요금제 통화당 요금을 $g(t)$라 할 때, $f(t)=g(t)$가 되는 양의 실수 t의 개수는 얼마인지를 논술하시오.

[2] 민수가 절약요금제에서 알뜰요금제로 변경하는 것이 자신에게 유리한지 불리한지를 판단하고 그 이유를 논술하시오.

문제 상황의 이해

- 일상적인 상황에서 예를 들어 휴대폰의 사용요금제 종류를 비교하여 유리한 요금제를 선택하는 문제이다.
- 지금 사용하는 휴대폰 요금제와 통화상황을 주고 다른 요금제로 바꿀 때의 유리함과 불리함을 판단하도록 한다.

활용가능한 수학 개념

- $y=[x]$의 그래프 (단, $[x]$는 x를 넘지 않는 최대 정수를 나타낸다.)

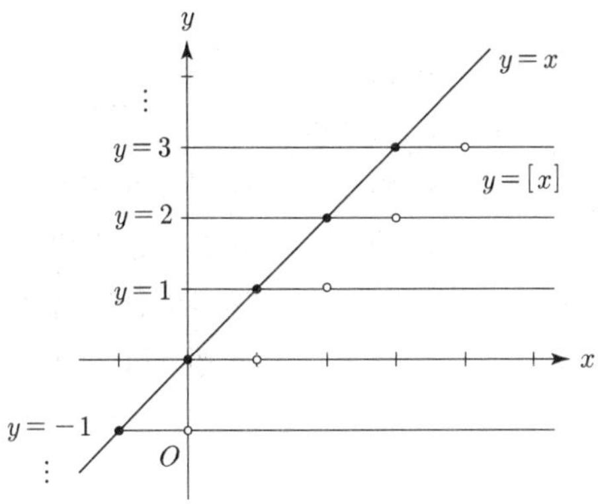

〈그림 1〉

문제 5[59)]

다음 제시문을 읽고 물음에 답하시오.

로그는 $3^x = 5$와 같은 지수 방정식을 풀 때도 사용되지만 동위원소의 반감기를 구하거나 산성도(PH), 지진의 규모(Fichter, 리히터), 별의 밝기 등을 나타내는 데도 사용된다. 또한 측정한 자료가 광범위하게 변화하는 경우에도 로그를 사용하면 편리한 경우가 많다.

다음 표는 지구의 역사에서 중요한 사건이 발생한 시점을 나타낸 것이다. 홍익이네 반에서는 이 사건들을 수직선에 나타내려고 한다.

사건	기원전 (단위: 100만년)	사건	기원전 (단위: 100만년)
(1) 지구의 탄생	4450	(5) 공룡의 멸종	67
(2) 식물의 탄생	2500	(6) 포유류의 발생	36
(3) 척추동물의 출현	570	(7) 유인원의 출현	5
(4) 공룡의 출현	245	(8) 인류의 발생	1

[1] 가로 30 cm 크기의 종이에 가로 방향으로 그려진 직선이 있고, 여기에 1 cm 간격으로 눈금을 표시하자. 1 cm 간격은 100만년의 기간을 나타낸다. 이 수직선에 위의 8개의 사건을 표시하고자 한다면 어떤 문제점이 발생할지를 구체적으로 서술하시오.
그리고 만약 1 cm 간격이 10억년의 기간을 나타내면 어떤 문제점이 발생하는지 구체적으로 서술하시오.

[2] 이번에는 한 눈금의 값이 바로 왼쪽의 눈금 값의 $\frac{1}{10}$이 되도록 표시하는 방법을 선택하여 위 사건들을 나타내고자 한다. 아래의 수직선 위에는 "인류의 발생" 사건이 정중앙의 눈금에 표시되어 있다. 답안지에 아래와 동일한 수직선과 눈금을 그리고, "인류의 발생" 눈금의 왼쪽과 오른쪽에

59) 홍익대학교 기출문제

있는 각각 세 개의 눈금들에 해당하는 값을 표시하시오.
이 수직선에 “(4) 공룡의 출현” 시점과 “(6) 포유류의 발생” 시점이 각각 어느 눈금 사이에 위치하는지 나타내려고 한다. 이때 각 위치는 두 눈금 사이의 중앙점을 기준으로 왼쪽, 오른쪽 중 어디에 나타나는지를 명확히 표시하고, 그 이유를 구체적으로 기술하시오.
우리나라 역사에서 고조선을 기원전 2300년에 성립되었다고 한다. 이 시점도 같은 수직선 위에 동일한 방법으로 나타내시오. (단, $\log 2 = 0.30$, $\log 3 = 0.47$로 하자.)

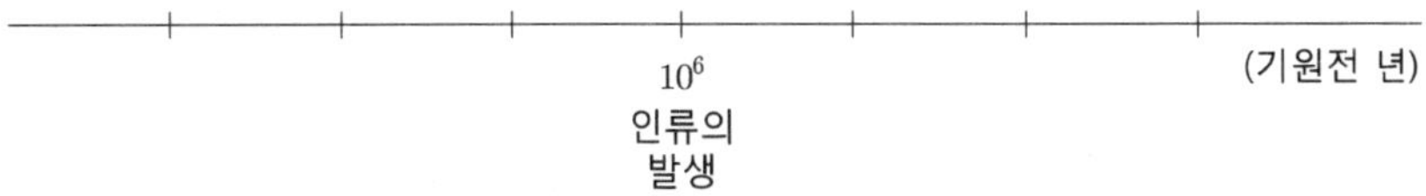

LOG는 두 양의 관계를 나타내는 데 사용할 수 있다.

x와 y의 관계를 아래와 같이 정의하고, 이를 데시벨(decibel, 단위: dB)이라고 부르기로 한다.

$$10 \times \log\left(\frac{y}{x}\right)$$

예를 들면

$$\frac{y}{x} = 1\text{이면, } 0(\text{dB})$$

$$\frac{y}{x} = 10\text{이면, } 10(\text{dB})$$

$$\frac{y}{x} = 0.1\text{이면 } -10(\text{dB})$$

이다.

위의 정의를 이용하여 다음 문제를 생각해 보기로 하자.

서울에서 대전으로 초고속 인터넷망을 통해 광통신 신호를 보내려고 한다. 광통신에서 신호의 전송은 광자라고 불리는 빛 입자가 광섬유를 통해 전송됨으로써 이루어진다. 광섬유를 통해 전송될 때는 광자들의 손실이 발생한다. 광섬유의 길이가 1km이면, 보낸 광자수와 받은 광자수의 비율, $\frac{\text{받은 광자수}}{\text{보낸 광자수}}$는 위에서 정의한 데시벨 단위로 -0.2(dB)이 된다고 하자.

[3] 서울과 대전 사이의 광섬유 길이가 150km이고, 이 광섬유를 통해 서울에서 10^{10}개의 광자를 보낸다면 대전에서 받은 광자의 개수는 몇 개인지 구하시오.

문제 상황의 이해

지수함수와 로그함수의 성질을 이해하고, 약 45억년의 지구의 역사에서 8개의 사건이 발생한 시점을 눈금으로 나타내는 방법을 모색한다.

활용가능한 수학 개념

로그눈금을 가진 계산자를 로그자라고 한다. 로그자는 그림과 같이 눈금 1이 새겨진 점 O로부터의 거리가 $\log_{10}x$인 곳에 눈금 x를 새긴 자이다.

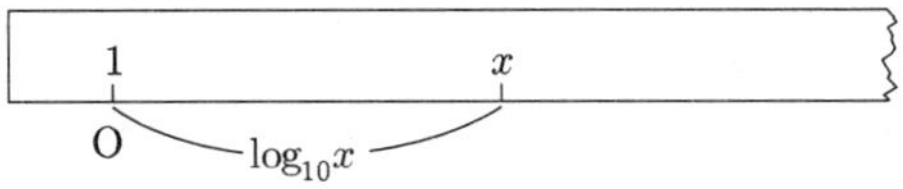

문제 6[60]

어느 부부가 아홉 쌍의 부부를 집으로 초대하여 파티를 열었다.

이 자리에 모인 열 쌍의 부부는 서로 아는 사이도 있고, 처음 만나는 사이도 있다. 이들 가운데 서로 알던 사람들은 악수를 하지 않았지만, 처음 만나는 사람들은 정중하게 악수를 한 번씩 나누었다. 저녁 식사가 끝나고 집 주인은 그 자리에 모인 19명(집 주인의 부인과 손님들)에게 오늘 모임에서 악수를 몇 번 하였는지 질문하였다. 놀랍게도 이들이 악수한 횟수는 모두 달랐다. 이때 집 주인의 부인은 악수를 몇 번이나 하였을지 생각해보고, 부인이 악수한 횟수를 일반화하여 설명하시오.

60) 서울대학교 예상기출문제

문제 상황의 이해

서로 알던 사람들이 악수를 하지 않았다는 점에서 유추해내야 하는 것이 부부끼리는 악수를 하지 않았다는 것이며, 자신을 제외한 19명에게 악수한 횟수를 물었을 때 모두 달랐다는 점에서 집주인은 이들 19명 중 누군가와 그 횟수가 같을 수 있다는 것이다.

활용가능한 수학 개념

경우의 수를 정확히 아는 것은 사회현상이나 자연현상을 연구하는 데 중요하다. 일상생활에서 여러 경우의 수를 수학화시키는 것은 여러 방법이 있을 것이다. 이 문제의 경우 경우의 수를 따지는 데 있어 서술 방법이 다양할 수 있다.

참고

• 문제해결전략 중 단순화하기

문제에서 주어진 상황이 복잡하거나 변수가 많을 경우, 간단한 상황으로 바꾸거나 변수를 줄인 문제를 풀어 원래의 문제를 해결하는 전략을 단순화하기라고 한다.

문제에 주어진 19명보다 인원수를 줄여서 해결한 후 주어진 문제를 해결하는 것이 단순화하기 전략이다.

문제 7[61)]

다음 제시문을 읽고 논제에 답하시오.

은행에서 취급하는 예금상품의 금리는 일반적으로 연이율로 표시된다. 예금 만기 시에 은행은 고객이 예금했던 원금에 계약기간 동안 복리로 계산한 이자를 더한 금액을 고객에게 지급한다.

어떤 예금상품의 연이율이 r이고 계약기간은 1년이라고 하자. 또한 자연수 n에 대하여 $1/n$년 이율을 r_n이라고 하자(단, 모든 이자는 복리로 계산함). 이때 r_{12}는 이 예금의 월이율을 뜻하고 $r_1 = r$이 된다.

그런데 r_n의 값을 복리로 정확하게 구하여 표시하는 대신에 그 근삿값으로 $1/n$년 이율을 표시하는 경우가 종종 있다. 예를 들어, 연이율 0.06인 예금상품의 월이율을 0.06/12=0.005로 표시하는 경우 등을 말한다. 이제 $1/n$년 이율, 즉 r_n의 어떤 근삿값을 s_n이라고 할 때,

$$W = \lim_{n\to\infty}(1+s_n)^n/(1+r)$$

의 값을 근삿값 s_n의 초단기근사효율지수라고 정의하자. 정의의 내용으로부터 W의 값이 1에 가까울수록 s_n이 초단기이율에 대한 근사효율 면에서 좋다고 판단할 수 있다.

[1] $1/n$년 이율인 r_n을 연이율 r에 관한 식으로 나타내시오.

[2] 이항정리를 증명 없이 간단히 기술하고, 저금리의 경우(즉, r의 값이 0에 가까운 경우)에 월이율 r_{12}의 근삿값으로 $r/12$을 사용할 수 있는 근거를 이항정리를 이용하여 설명해보시오.

[3] r_n에 대하여 $s_n = \dfrac{r}{n}$과 $t_n = \dfrac{1}{n}\log_e(1+r)$의 두 가지 근삿값을 생각해보자. s_n과 t_n의 초단기근사효율지수 W_1과 W_2의 값을 각각 구하여

61) 단국대학교 기출문제

초단기이율에 대한 근사효율 면에서 어느 쪽이 더 좋은지 판단하시오(단, $r > 0$).

(단, $e = \lim_{n \to \infty}\left(1 + \frac{1}{n}\right)^n = 2.718\cdots$인 무리수임)

문제 상황의 이해

월이율이 복리로 지급되므로 지수로 표현됨을 이해하고, 제시문의 상황을 수학적으로 나타낼 수 있어야 한다.

활용가능한 수학 개념

복리의 개념을 이해하고 지수, 로그에 대한 기본적인 계산능력과 이항정리를 이용한 다항식의 전개능력, 극한 개념을 활용해야 한다.

문제 8[62]

2015년 1월 1일 현재 김이화 과장의 나이는 30세이다. 이화은행에서는 김이화 과장에게 퇴직금으로 65세부터 매해 1회 연말에 1000만원씩 지급하려고 한다. 이때 연이율은 5%의 복리로 고정되어 있다고 가정한다.

[1] 김이화 과장이 100세까지 퇴직금으로 매해 1000만원씩을 총 36번을 수령했다고 할 때, 이 퇴직금 수령액 합계의 2015년 1월 1일 현재 가치를 구하시오.

[2] 김이화 과장은 2015년부터 64세가 되는 2049년까지 이화은행에 매해 연말에 300만원씩 총 35번을 적립한다고 한다. 이 적금(적립금 총액)으로 (1)번에 제시된 김이화 과장의 퇴직금을 충당하기에 충분한지 논하시오.

[3] 김이화 과장이 매해 연말까지 생존할 확률이 $\frac{95}{100}$라고 하자. (예를 들어 현재 2015년 1월 1일 나이가 30세인 김이화 과장이 2015년 12월 31일까지 살아있을 확률은 $\frac{95}{100}$, 그리고 2016년 12월 31일까지 살아 있을 확률은 $\left(\frac{95}{100}\right)^2$이다.) 김이화 과장은 30세부터 매해 연말 생존하였을 경우 일정한 금액 K를 매해 1회 연말에 이화은행에 납입하며, 납입금은 김이화 과장이 64세가 되는 2049년 연말까지만 최대 35번까지 납입될 수 있다. 그리고 퇴직금으로 김이화 과장이 65세가 되는 해부터 최대 100세가 되는 해까지 김이화 과장이 생존하였을 경우 매해 연말 1회 1000만원씩이 지급되고, 최대 총 36번까지 지급될 수 있다. 김이화 과장의 생존여부에 따른 적립예상금액의 현재 가치를 적립금 현재가치라고 하고, 수령예상 퇴직금의 현재가치를 퇴직금 현재가치라고 하자. 이화은행은 김이화 과장의 퇴직금 현재가치의 기댓값과 김이화 과장의 적립금 현재가치의 기댓값이 같도록 납입금액 K를 책정하려고 한다. 이때 적절한 K를 구하시오.

(힌트: 위 문제에서 필요한 경우 다음의 계산을 사용할 수 있다.)

62) 이화여자대학교 기출문제

$1.05^{-1} \approx 0.95$	$1.05^{-35} \approx 0.18$	$1.05^{-36} \approx 0.17$	$\dfrac{1}{1-1.05} = 21$
$\dfrac{95}{1.05} \approx 0.90$	$\left(\dfrac{95}{105}\right)^{35} \approx 0.030$	$\left(\dfrac{95}{105}\right)^{36} \approx 0.027$	$\dfrac{1}{1-\dfrac{95}{105}} = 10.5$

문제 상황의 이해

등비수열의 합공식과 원리합계를 이용하여 적립금의 현재가치와 퇴직금의 현재가치를 구해야 한다.

활용가능한 수학 개념

• **등비수열의 합**

첫째항이 a, 공비가 r인 등비수열의 첫째항부터 제n항까지의 합 S_n은

$r \neq 1$일 때, $S_n = \dfrac{a(1-r^n)}{1-r}$

$r = 1$일 때, $S_n = na$이다.

• **이산확률변수의 기댓값(평균)**

이산확률변수 X의 기댓값(평균) $\mathrm{E}(X)$는 $\mathrm{E}(X) = \sum_{i=1}^{n} x_i p_i$이다.

문제 9[63)]

다음 제시문을 읽고 물음에 답하시오.

(가) 이태리의 경제학자 파레토는 100여 년 전 당시 이태리 인구의 20%가 전체 부(wealth)의 80% 이상을 소유하고 있고, 다른 국가들의 경우도 비슷하다는 것을 관찰하였다. 1992년 유엔의 한 보고서에서도 세계 인구의 20%가 전체 소득의 82.7%를 차지하고 있다고 발표하였다. 분배의 불균형에 관한 이런 관찰은 이제 일반화되어 파레토의 법칙(혹은 80−20 법칙)이라는 이름으로 여러 맥락에서 사용된다. 즉, 전체 원인의 20%가 전체 결과의 80% 이상을 가져오는 상황에 대해 파레토의 법칙을 언급한다. 예를 들어, 20%의 고객이 백화점 전체 매출의 80%를 차지하는 현상을 설명할 때 이 용어를 사용한다.

(나) 여러 통계에 따르면, 한 국가에서의 소득에 따른 인구분포는

$$(\text{소득이 } a\text{와 } b \text{ 사이에 있는 사람들의 수}) = \int_a^b x^{-p}dx$$

로 추정할 수 있다. 여기서 p는 1보다 큰 상수이고, 사람 수와 소득의 단위는 편의상 무시한다. 그러면, 소득이 a와 b 사이에 있는 사람들의 소득의 합은 $\int_a^b x^{1-p}dx$와 같다.

[1] 정적분의 정의를 써서, 제시문 (나)의 밑줄 친 내용이 타당함을 설명하시오.

[2] 제시문 (나)에서, 어떤 국가의 소득에 따른 인구분포가 $p=\dfrac{3}{2}$인 경우로 조사되었고, 소득의 분포는 1에서 100까지 사이에 있었다. 소득 분배의 관점에서 이 국가는 파레토의 법칙을 만족하는지 혹은 아닌지를 논하시오.

63) 서강대학교 기출문제

문제 상황의 이해

한 국가에서 소득에 따른 인구분포와 소득의 합을 정적분으로 나타낼 수 있음을 이해한다.

활용가능한 수학 개념

• 정적분의 정의

함수 $f(x)$가 구간 $[a, b]$에서 연속일 때,

$$\int_a^b f(x)\,dx = \lim_{n \to \infty} \sum_{k=1}^{n} f(x_k)\,\Delta x \quad (\text{단, } \Delta x = \frac{b-a}{n},\ x_k = a + k\Delta x)$$

참고

• 파레토의 법칙

파레토 법칙은 소득분포에 관한 통계적 법칙으로서, 파레토가 유럽제국의 조사에서 얻은 경험적 법칙이다. 파레토곡선의 기울기 α는 소득분포의 불평등도 degree of inequality를 보이는 하나의 척도이다. 파레토는 α가 작을수록 분포가 평등하다고 하였으나, 지니 이후의 많은 연구에 의하면 α가 클수록 소득의 균등화를 보이게 된다. 그러나 이러한 차이는 불평등의 정의에서 비롯되는 바가 크다. 파레토는 소득자 수에 주목하여 'X 이하의 소득인원이 X 이상의 소득인원에 비하여 감소할 때에 소득의 불평등이 감소된다'라고 정의한다. 파레토법칙이 완전한 타당성을 지니려면, 소득곡선은 직선이 되어야 한다. 그러나 저소득층에 가까울수록 곡선은 굴절하여 수평선에 가깝게 되 것, 따라서 α가 불평등의 척도로 타당하냐 하는 데 대해서는 논의의 여지가 있다. －매일경제－

문제 106[64]

다음 제시문을 읽고 논제에 답하시오.

○○항공사는 현재 50대의 항공기를 운용하고 있으며, 자사의 항공기 중 일부(또는 전부)를 연료효율이 높은 신형 항공기로 교체하는 것을 고려하고 있다. 신형 항공기 교체에 따르는 비용(cost)은 i) 항공기 자체에 대한 구입비용과 ii) 항공기 정비시설에 대한 구축비용으로 나뉜다.

항공기에 대한 구입비용은 교체 항공기 총 대수에 따른 할인을 적용 받을 수 있으며, 따라서 신형 항공기 1대 당 구입비용은 〈표 1〉에 나타난 바와 같다.

〈표 1〉 교체 대수별 항공기 1대당 구입비용

교체 항공기 총 대수	항공기 1대당 구입비용
1대~10대	5.5(백억원/대)
11대~50대	5(백억원/대)

정비시설에 대한 구축비용은 〈표 2〉에 나타난 바와 같다. 교체 항공기 대수가 30대 이하인 경우 기존 정비시설을 그대로 사용하는 것이 가능하며, 따라서 구축비용이 없는 것으로 판단한다. 하지만 교체 항공기 대수가 31대 이상인 경우에는 기존 정비시설에 추가적인 설비구축이 필요하며 따라서 비용이 발생한다.

〈표 2〉 교체 대수별 정비시설 구축비용

교체 항공기 총 대수	정비시설 구축비용
1대~30대	0(백억원)
31대~50대	7(백억원)

신형으로 교체된 항공기는 향후 20년간 연료비 절감 효용(benefit)을 발생시킨다. 20년 이후에 발생하는 연료비 절감 효용은 무시한다. 또한 연료비 절감

64) 한국항공대학교 기출문제

이외의 효용은 무시한다.

신형 항공기 1대가 향후 20년 동안에 발생시키는 총 연료비 절감 효용은 해당기간 동안의 평균국제유가에 따라 달라진다. 〈표 3〉에 나타난 바와 같이 평균국제유가가 1(백달러/배럴) 미만이면 연료비 절감 효용은 없는 것으로 판단한다.

〈표 3〉 향후 유가별 연료비 절감 효용

향후 20년 동안의 평균국제유가	신형 항공기 1대가 향후 20년간 발생시키는 총 연료비 절감 효용
1(백달러/배럴) 미만	0(백억원/대)
1(백달러/배럴) 이상 1.5(백달러/배럴) 미만	5(백억원/대)
1.5(백달러/배럴) 이상	7(백억원/대)

향후 20년 동안의 평균국제유가는 연속확률변수 X로 나타나며 해당 확률밀도함수 $f(x)$는 식 (1)과 같이 주어진다. 식 (1)에서 x의 단위는 (백달러/배럴)이다.

$$f(x)=\begin{cases} k(x-0.5) & (0.5 \le x \le 1.5) \\ -k(x-2.5) & (1.5 \le x \le 2.5) \end{cases} \qquad (1)$$

항공기 교체에 따른 이득(profit)이란 향후 20년간의 총 연료비 절감 효용(benefit)에서 교체에 드는 비용(cost)을 뺀 값이다. 교체에 드는 비용은 항공기 구입비용(〈표 1〉)과 정비시설 구축비용(〈표 2〉)을 더한 값을 의미한다. 반면, 손해란 이득이 음수가 되는 경우이다.

[1] 제시문의 식 (1)에서 k값을 구하시오.

[2] ㅇㅇ항공사는 항공기 20대를 신형으로 교체하기로 결정하였다.

i) 예상되는 이득의 기댓값(평균)은 얼마인지 구하시오.

ii) 손해를 보게 될 확률은 얼마인지 구하시오.

[3] i) ㅇㅇ항공사의 이득의 기댓값을 최대로 하기 위해서는 몇 대의 항공기를 신형으로 교체하는 것이 최선인지 설명하고 이때의 이득 기댓값을

구하시오.

ii) ㅇㅇ항공사가 손해를 보게 될 확률을 최소로 하기 위해서는 몇 대의 항공기를 신형으로 교체하는 것이 최선인지 설명하시오. (단 손해를 보게 될 확률이 같은 경우 이득의 기댓값이 최대가 되는 교체 대수가 최선인 것으로 하고, 최소한 1대 이상의 신형 항공기를 도입하는 경우만 고려한다.)

문제 상황의 이해

확률적으로 주어진 자료를 이해하고 확률변수에 대한 기본적인 공식들을 사용할 수 있다.

활용가능한 수학 개념

항공기 교체에 따른 효용은 유가에 따라 변하며, 이때 유가는 확률변수이다. 주어진 조건을 통해 교체에 따른 효용 및 이득은 확률변수임을 알고, 확률밀도함수를 이용하여 평균 및 손해확률을 계산한다.

참 | 고 | 문 | 헌

박제남 (2008). 09학년도 자연계열 수리논술 도입의 배경과 전망.

부산광역시교육청(2010). 수리논술 나침반2. 부산광역시교육청.

서울대학교 2009년도 입학시험 자연계 수리논술 평가기준

성균관대학교 (2010). 논술백서. 성균관대학교.

정순영 외(2009). 중학교 1학년 수학교과서. (주)두산

최봉대 외(2009). 고등학교 1학년 수학 익힘책. (주)중앙교육

한국교육과정평가원 (2005). 논술·면접 지도 요령. 한국교육과정평가원.

Kevin P. Lee., A Mathematical Writing Checklist. http://ems.calumet.purdue.edu/mcss/kevinlee/mathwriting/writingcheck.pdf에서 2010년 3월 28일 검색

본 교재의 논술 예시문항 중 인용한 자료의 출처는 다음과 같습니다.

경북대학교
고려대학교
단국대학교
부산대학교
서울과학기술대학교
서울시립대학교
숙명여자대학교
이화여자대학교
중앙대학교
한국항공대학교
홍익대학교
전국수학교사모임
경희대학교
광운대학교
동국대학교
서강대학교
서울대학교
성균관대학교
아주대학교
인하대학교
한국외국어대학교
한양대학교
통계청

찾아보기

제2판

수리논술의 이론과 실제

지은이　강옥기 · 이장주 · 이환철 · 손정화
펴낸이　조경희
펴낸곳　경문사
펴낸날　2011년　3월　5일　1판 1쇄
　　　　2018년　3월 10일　2판 2쇄
등　록　1979년 11월　9일　제 313–1979–23호
주　소　04057, 서울특별시 마포구 와우산로 174
전　화　(02)332–2004　팩스 (02)336–5193
이메일　kyungmoon@kyungmoon.com
facebook　facebook.com/kyungmoonsa

값 15,000원

ISBN 978–89–6105–941–1

★ 경문사 홈페이지에 오시면 즐거운 일이 생깁니다.
http://www.kyungmoon.com

한국과학기술출판협회 회원사